100세 건강 이 속에 있다

1판 1쇄 인쇄 2019년 9월 16일
1판 1쇄 발행 2019년 9월 27일

지은이 현영근
펴낸곳 도서출판 비엠케이

기획 이종화
편집 상현숙
그림 (주)스튜디오 아이레
디자인 아르떼203
제작 (주)꽃피는청춘

출판등록 2006년 5월 29일(제313-2006-000117호)
주소 121-841 서울시 마포구 성미산로10길 12 화이트빌 101
전화 (02) 323-4894 팩스 (070) 4157-4893
이메일 arteahn@naver.com

값은 뒤표지에 있습니다.
ISBN 979-11-89703-03-5   03510

「이 도서의 국립중앙도서관 출판시도서목록(CIP)은 서지정보유통지원시스템 홈페이지(http://seoji.nl.go.kr)와
국가자료공동목록시스템(http://www.nl.go.kr/kolisnet)에서 이용하실 수 있습니다.(CIP제어번호: CIP2019034414)」

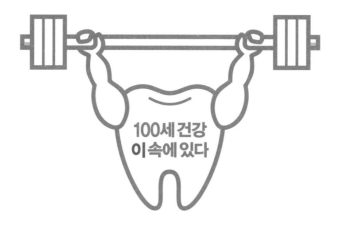

100세 건강
이 속에 있다

치과 명의
현영근 박사가 알려주는
알쏭달쏭한 진실

현영근 지음

Bmk
magazine&publishing

믿을 수 있는 훌륭한 치과 의사,
나의 친구 현영근 원장

　현영근 원장은 나와 고등학교 동기이며 고 2때는 바로 옆자리의 짝이었다. 세월이 흐르며 예전 친구들이 사라지는 경우가 많은데 현 원장과 나의 인연은 지금까지 이렇게 오랜 시간 이어져 왔다. 고등학교 때 같은 반에서 그를 봐 왔기에 현 원장의 학창시절을 누구보다 잘 알고 있고 지금도 항상 옆에서 그를 지켜보기에 그를 잘 표현할 수 있다고 생각한다.

　우리의 고등학교 시절은 80년대 본고사 시대였고 당시는 국·영·수가 대학입시의 관건이었기 때문에 국·영·수의 비중은 다른 모든 과목을 압도할 정도였다. 따라서 누가 국·영·수에 탁월한 점수를 받느냐가 대학입시를 결정한다 해도 과언이 아니었는데 현 원장은 그런 면에서 수학의 귀재였다. 그는 수학문제 풀이에서는 전교 1등을 놓치지 않았다. 물론 전체 과목을 다 잘했던 전교 1등이 있었지만 현 원장은 수학에서만은 그 친구도 능가할 정도로 생각하는 방식이 뛰어났고 한 가지 방법이 막히면 다른 길을 찾아서 해결하는 머리가 뛰어난 친구였다.

　현 원장이 이번에 쓴 책『100세 건강 이 속에 있다』는 그의 그런 면모를 잘 보여 주는 것 같다. 그는 페리오플란트 치과를 운영하기도 하지만 한편으로 연구소를 운영하며 특허를 개발하는 연구자이다. 그 명석한 두뇌를 이용하여 현대 치과 기술로 해결 못 하는 문제를 특허로 만들어 이미 외국에서도 인정을 받았고 이것으로 많은 강연을 다니기도 한다.

또 그는 양심적인 치과 의사이다. 그의 병원은 항상 많은 환자들로 붐빈다. 이는 그의 실력이 출중해서 때문이기도 하겠지만 허심탄회하고 거짓없이 환자를 대하고 또 환자 편에서 환자의 이익을 위해 서 있다는 점이 그에게 끌리는 점일 것이다.

책에도 나오지만 과잉 진료를 부추기는 일부 치과 의사들을 대처하는 방법도 양심적으로 살고자 하는 그의 마음을 표현하는 것이다.

그는 책에서 좋은 치과를 찾기 위해서는 두 군데 이상 병원을 찾아가라고 조언하고 또 필요하면 대학병원에서 진단받고 시술은 동네병원에서 하라는 얘기까지 알려 준다.

나 역시 내과·가정의학과 의사지만 치아 문제로 환자가 되어 현 원장에게 진료를 받아 봤고 가족들까지 치료를 받아 봤다. 모두 현 원장의 기술과 인품에 만족하고 앞으로도 치과 문제가 있을 때 현 원장에게 치료를 받으려 한다.

이런 경험은 나뿐만이 아니다. 현 원장에게 진료를 받아 본 여러 지인들과 환자들이 모두 공통적으로 하는 말이기도 하다.

하나의 훌륭한 의사가 되기까지는 정말 많은 시간과 노력이 필요하고 또 같은 의사라 해도 손 기술, 감각, 판단력, 지혜 등에서 많은 차이가 난다.

현 원장은 그런 면에서 믿을 수 있는 치과 전문의가 아닐까 한다. 이 책만 보더라도 치과 기본에 충실한 내용들이 가감없이 다 담겨 있다. 또 내용들이 일반인들 위주로 쓰여 있어 아주 편하게 읽을 수 있고 지루하지 않으며 실제적인 내용들만 간추려져 있다

우리 주변에 이런 훌륭한 치과 의사가 있다는 것이 감사하다. 또 친

한 친구이며 자상하고 남을 배려할 줄 알며 예의 바르고 양심적인 의사가 진료에 임하고 있다는 것이 다행한 일이다.

　이 책은 일반인들에게 치과적인 상식을 듬뿍 안겨 줄 것이며 의료 전문가에게도 많은 도움이 되리라 확신한다.

의학박사, 박가정의원 원장 **박승회**

치아의 중요성을 알게 해 주는 책입니다

해를 거듭하며 삶이 풍요로워질수록 잘살고 싶다는 욕구와 함께 꾸준한 건강 관리를 위한 노력들이 이루어지고 있습니다. 그러나 입 속 건강에 대한 관심과 노력은 상대적으로 적은 편입니다. 치아 건강에 대한 인식은 꾸준히 변하고 있지만 단순히 치아 건강만이 아니라 우리 몸 전체에 대한 건강 관리의 기본이 치아 관리에 있다는 사실이 점차 알려지고 있는 시점입니다.

이 책에는 치아 관리가 우리 몸 건강에 얼마나 크게 영향을 미치는지 아주 쉽게 정리되어 있습니다. 또한 연령과 상황에 맞는 쉬운 예시를 통해 설명해 줌으로써 가족 모두의 건강 필독서로 부족함이 없어 보입니다. 사실 서점에 나가 보면 치아 건강에 대한 책자가 여러 권 나와 있지만 쉽게 이야기 형식으로 쓰여 있는 책보다는 일반인들이 페이지 한 장 넘기기도 쉽지 않은 내용이나 미학적인 부분들만 자극하는 내용들로 가득했습니다. 그 점이 많이 아쉬운 부분이었는데 이 책은 그런 부분들을 말끔하게 정리해 주는 느낌이었습니다.

현영근 원장은 끊임없는 연구 개발로 치아 건강에 아주 큰 획을 그어 가고 있다고 생각했는데 이렇게 책을 통해 누구나 알기 쉽게 정리한 내용을 보니 존경스러운 마음을 갖게 합니다.

가정에 한 권쯤 두고 봤으면 하는 상비약 같은 책입니다. 감사합니다.

고려대학교 의과대학 교수 류재준

주변에 더 널리 알리겠습니다

제가 현영근 원장님을 처음 만났던 것은 2008년, 임플란트 부작용에 대한 취재 때였습니다. 임플란트가 만능이라고 생각하던 당시, 현 원장님은 임플란트 재수술로 업계의 명성을 얻고 있었습니다. 임플란트를 심는 것만도 어려운 경우가 있는데 실패해서 빠진 사람의 임플란트를 다시 제대로 심으려면 확실한 내공이 필요해 보였습니다. 그런 점에서 치료받는 환자들의 인터뷰를 여러 명 했는데 모두가 대단히 만족스러워하는 것을 보면서 원장님에 대한 신뢰를 갖게 되었습니다.

그러던 어느날 제게 심한 치통이 생겨 동네 치과 병원을 찾았습니다. 의사는 엑스레이를 찍고 한참을 살펴보더니 큰 이상은 없다며 양치질을 좀 더 자주 하라고 했고 나흘치 진통제를 처방해 주었습니다. 그런데 딱 나흘이 지나고 진통제가 떨어지니 다시 또 아프더군요. 그때 현영근 원장님이 생각났습니다. 전화로 예약을 급히 하고 운전을 하며 달려가던 차 안에서 고민했던 기억이 납니다. 치과에 가려고 한 시간이나 운전해서 전농동을 가다니…… 괜히 고생만 하고 진통제만 받는 것 아닌가 하는 생각이 들었던 것입니다.

그런데 현영근 원장님은 엑스레이와 함께 파노라마 사진을 여러 장 찍더니 금세 "잘 보이지 않는 곳에 충치가 심하네요" 하며 치료를 해 주셨습니다. 치료를 받고 나서 1주일, 2주일이 지났지만 통증은 없었습니다. 그리고 이때부터 한 시간 이상 운전해서 치과를 찾아가는 고달픈 (?) 여행이 시작되었습니다.

이후 인터뷰 때문에 후배와 함께 다시 현 원장님의 병원을 찾았습니다. 취재를 마친 후 후배가 자기도 교정을 하려다가 포기하고 겨울에 턱을 깎는 수술을 하기로 했다고, 혹시 자신 정도도 수술 없이 교정이 되는지 여쭈어 봤습니다. 그러자 턱이랑 구강 구조를 살펴본 원장님은 조금 어렵긴 하지만 가능할 것 같다고 말했습니다. 그때 후배의 놀라움과 기쁨이란, 말로 다 할 수 없었죠. 저 역시 놀랐습니다. 수술보다 교정이 비용도 적게 들지만 20대 후반의 청년이 턱을 깎는 수술을 피할 수 있다니요. 그런데 후배는 정말 교정으로 턱수술을 피할 수 있었습니다.

제 조카 역시 현영근 원장님께 교정을 받았고 형수님 역시 원장님이 교정 중의 치아 관리에 대해서도 꼼꼼하게 챙겨 주셔서 더욱 좋은 것 같다고 만족해 하셨습니다. 이후로 저는 교정과 임플란트에 대해 문의를 받으면 현영근 원장님을 추천해 주었습니다.

아마도 제가 소개해서 현영근 원장님을 만난 지인만도 수십여 명일 텐데 모두가 매우 만족스러워했습니다. 최근엔 중국어 뉴스를 담당하는 후배 기자들이 잘하는 치과를 물어서 소개해 주었는데 실력은 물론이고 중국말로 의사 소통을 해 주시니 너무 좋았다고도 하더군요. 현영근 원장님은 한국과 미국, 중국에서 치과의사 면허증을 따셨고 영어와 중국어가 능통하신데 외국인 환자와는 외국말로 소통하는 게 참 대단해 보였습니다.

마지막으로 꼽고 싶은 사례는 저의 어머니입니다. 어머니는 치아가 안 좋아 치과에 많이 다니셨는데 의치 부위가 시려서 동네 병원에 갔더니 일단 뽑아 봐야 한다고 했답니다. 그런데 어머니를 본 현영근 원장님은 엑스레이를 자세히 살펴보더니 틀어진 부위만 조금 봐 주고 금세 치료를 끝냈다고 했습니다. 의치를 뽑거나 하지 않고 그냥 돌려보냈다며 어머니는 오히려 서운해 하는 눈치셨습니다. 그런데 원장님과 통화를 했더니 명쾌한 설명을 해 주셨습니다. 어머니께 설명을 해 드렸는데 이해를 잘 못 하신 것 같다고 하시면서, 엑스레이 상으로 아무리 봐도 염증이 없는데, 극히 적은 가능성 때문에 일부러 의치를 뽑을 이유는 없다고 하셨습니다.

염증이 없을 것 같은 확률이 90퍼센트 이상인데, 일단 뜯으면 비용이 200만 원 넘게 들 것이고 치료로 고생하고 환자가 힘만 들 텐데 자신 같으면 안 뽑는다는 거였습니다. "그럼 왜 아프실까요?"라고 물었더니 "일단 조금 틀어진 부분이 있어서 잡아드렸으니 괜찮아질 것 같아요. 그리고 어머님은 주관적 통증이신 것 같은데 자꾸 아프다 아프다 생각하셔서 더 그런 것 같아요. 원인을 제거했으니 안 아프다 안프다 생각해 보라고 하세요. 그럼 괜찮으실 거예요."라고 하셨습니다.

좀 황당했습니다. 안 아프다라고 생각하라니…… 그런데 틀어진 것을 고쳐서 원인을 제거했으니 안 아플 거라고…… 이분 말이 맞을 거라고 어머니께 얘기해 드렸습니다. 그런데 거짓말처럼 이후엔 괜찮다고 하시더군요.

　여러 가지 사례를 들다 보니 길어졌습니다. 이 책은 멀리 떨어져 있어서 직접 진료를 받으러 가기 어려운 사람들에게 길잡이가 될 만한 좋은 책임을 믿어 의심치 않습니다. 모쪼록 많은 사람들의 책장에 놓여, 이가 아플 때면 한번씩 꺼내 보는 책이 되었으면 좋겠습니다.

　현영근 원장님의 책이 오랫동안 사랑받는 스테디셀러로 기록되기를 기원하며 이렇게 추천의 변을 쓸 수 있는 기회를 주신 점에도 감사의 말씀을 드리고 싶습니다.

연합뉴스 기자 왕지웅

환자분들이 저의 스승이었습니다

치과의사가 된 지 30년이 넘었습니다. 그동안 수많은 환자를 만나 왔지만 다행히 단 한 명의 환자도 문제없이 잘 치료했다는 점을 감사하게 또 자랑스럽게 생각하고 있습니다.

그런데 저는 이렇게 많은 환자들이 모두가 공통적인 문제를 갖고 있지만 매년 반복된다는 사실이 신기했습니다. 충치나 잇몸 병 등 각종 질병이 잘못된 구강 관리 습관에서 비롯되는 것인데 이를 바꾸려고 하는 환자들은 많지 않았다는 것입니다. 또한 적절한 치료 시기를 지키면 간단하게 치료할 수 있는 치아를, 더 이상 참지 못할 때까지 참다가 결국 말도 못 할 정도로 아프게 되어서야 찾아와 '호미로 막을 것을 가래로 막는다'는 속담처럼 돼 버리는 환자들도 종종 보았습니다.

그리고 그럴 때마다 치아를 지키는 데 있어서 바른 양치질이나 정기적인 관리가 얼마나 중요한지 실감하고 환자분께도 되도록 그러한 부분을 많이 설명해 드렸습니다.

하지만 일부 환자들은 잇몸 병 예방과 치료의 중요성에 대해 얘기를 해 드리면 화를 내기도 합니다. 일상이 바쁜데 의사가 뻔한 얘기나 한다고, 어릴 때부터 매일 듣던 얘기이니 말 안 해 주어도 안다고.

하지만 정말 치아와 잇몸 관리는 아무리 강조해도 지나치지 않습니다. 최근엔 치주 질환이 암은 물론이고 심혈관 질환과 치매와도 연관되어 있다는 연구들이 속속 발표되고 있습니다.

치아와 잇몸 관리에서 가장 중요한 것은 정기적인 검진을 통한 예방과 관리입니다. 물론 평소에 좋은 양치 습관을 가지는 것도 중요하지요. 이 책에서 저는 그동안 수많은 환자들 개개인에게 해 드렸던 이야기를 종합적으로 묶어 보았습니다. 그리고 그동안 진료실에서 만났던 환자들의 다양한 궁금증을 최대한 담았습니다.

'환자가 스승이다'라는 말처럼 이 책을 쓰기까지 저에게 진료받은 환자들의 도움이 가장 컸습니다. 환자들을 통해 얻은 임상경험이 밑거름이 되었으므로 그분들에게 가장 감사를 드리고 싶습니다.

또한 물심양면으로 도와주신 헬스데이뉴스 임직원들과 연세대학교 치과대학 의료진과 고려대학교 의료진, 페리오플란트치과네트워크의 동료 의료진들에게도 감사 말씀을 전하고 싶습니다.

끝으로 남편으로서, 아빠로서 부족함이 많은데도 늘 이해해 주고 격려해 준 사랑하는 아내 혜정과 아이들 도연, 진의, 정훈에게 고마움을 전하고 싶습니다.

2019년 9월 현영근

성인 치아 건강

1 자주 아프다고요? 충치부터 치료하세요!

2 치주 질환 치료, 암도 예방합니다

MR. TOOTH-PASTE

MRS. TOOTH-BRUSH

4 알쏭달쏭 상담실

1

자주 아프다고요?
충치부터 치료하세요!

성인 치아 건강

입 냄새,
어떻게 없애죠?

창수 씨는 대학교 내내 소개팅을 하면서도 번번이 실패했는데 치명적인 입 냄새가 주된 원인이었습니다. 입 냄새를 없애 준다는 가글이나 스프레이도 사용해 봤지만 잠시뿐이고 썩은 듯한 냄새가 올라오는 것을 막을 수가 없습니다. 창수 씨는 입 냄새의 원인이 충치라는 생각에 치과 치료를 열심히 받았습니다. 하지만 이전보다 나아지기는 했지만 냄새가 사라지진 않았습니다. 결국 창수 씨의 문제점을 살피기 위해 양치질을 시켜 보았는데 혀를 닦지 않는 것에서 원인을 찾을 수 있었습니다.

창수 씨처럼 많은 사람들이 입 냄새 때문에 대인관계에 어려움을 겪고 있는데 구취는 본인뿐 아니라 함께 있는 상대에게도 무척 괴로운 질병입니다.

구취는 90퍼센트 이상이 구강 내의 충치나 치주염 등 치과 질환이나 혀 뒤쪽의 세균(설태)에 의해서 생기는 것입니다. 부비동염과 위장염, 식도염과 같은 내과 질환이 있어도 입 냄새가 심해집니다.

하지만 특별한 질병이 없는데도 구취가 심하다면 양치 습관에 문제가 있는 경우가 많습니다.

구취를 유발하는 장소는 혀의 안쪽 부분, 즉 목구멍 쪽이 첫번째이고 다음으로 잇몸 염증, 충치 순입니다. 따라서 혀 안쪽의 백태를 잘 닦아주는 게 매우 중요한데 특히 자기 전에 양치질을 깨끗하게 잘하고 혀 클리너를 이용해 백태를 제거하는 게 좋습니다.

한편 아침식사를 꼭 챙겨 먹는 것도 입 냄새 제거에 효과적입니다. 아침식사를 하면서 입안을 움직이고 혀가 움직이고 침이 많이 나오는 것 자체가 입 냄새를 줄일 수 있기 때문입니다.

입 냄새를 없애기 위해 커피를 마시는 사람들도 있지만 커피의 카페인은 침의 분비를 감소시켜 오히려 역효과를 냅니다. 그보다는 오미자차와 매실차, 녹차 등이 효과적이며 양치 용액 사용 시 알코올 성분이 포함되지 않는 것이 좋습니다.

BONUS 구취 심하면 야채와 과일 중심으로 식사 바꿔 보세요!

구취를 없애기 위해 충치나 위장병 같은 주요 질환을 치료할 때에는 먹는 것에도 신경 쓰는 게 좋습니다. 특히 특정 약물의 경우 구취를 유발할 수 있는데 의사에게 본인이 복용하고 있는 약품의 목록을 제시하고 상담을 받는 것이 좋습니다. 또한 물을 충분히 섭취하고 무설탕 껌을 씹어 침샘을 자극하거나 인공 타액을 수시로 사용하고, 타액 분비 촉진제를 복용하는 것도 도움이 될 수 있습니다. 뿐만 아니라 야채와

"

입 냄새를 줄이기 위해서는 혀 안쪽의 백태를
잘 닦아 주는 게 매우 중요합니다. 특히 자기 전에 양치질을
깨끗하게 잘하고 혀 클리너를 이용해
백태를 제거하는 게 좋습니다.

과일도 수분 함유량이 많아 구강 내 침을 마르지 않게 도와 세균 번식을 막아 주고, 구강 내 중성화에 도움을 주어 혐기성 세균 증식을 억제해 입 냄새를 줄여 줍니다. 신 과일이나 음식이 타액 분비에 효과적이기는 하지만 타액 샘의 액체가 일시적으로 고갈되므로 타액 원료가 되는 수분 섭취가 동반되어야 한다는 점도 명심해야 합니다.

닥터 현 Dr. Hyun의 어드바이스

자신의 입 냄새가 심한지 본인은 잘 모르겠다고 얘기하는 환자들이 종종 있습니다. 이 경우 물을 섭취하지 않은 상태에서 양 손바닥을 모은 후 숨을 내쉰 후 곧바로 냄새를 맡아 보면 확인이 가능합니다. 좀 더 정확하게는 아침에 일어나자마자 종이컵에 숨을 내쉰 다음 그 냄새를 맡는 것도 비슷한데요. 설마 이렇게까지 심할까 생각할 수도 있지만 실제로 상대방이 느끼는 정도는 이보다 더욱 클 수 있기 때문에 본인이 격하게 느낀다면 치과를 찾아 상담받는 것도 큰 도움이 될 수 있습니다. 또한 이러한 민간요법 말고 정확한 수치를 원할 경우 구취 클리닉이 있는 치과에 가면 구강 내 암모니아 수치를 측정하는 계측기가 있으므로 구취의 원인 추정에 도움이 될 수 있습니다.

키스하면
충치 옮아요!

최진호 씨는 자전거 동호회에서 마음에 드는 여자분을 만나 드디어 연애를 시작하게 되었습니다. 여자 친구와 함께하는 시간이 많아지면서 자연스럽게 스킨십이 시작되었죠. 진호 씨에게는 충치가 있었는데 여자 친구와의 접촉이 많아지다 보니 입안의 충치에 대한 고민이 깊어졌습니다. 그래서 얼마 전부터는 치과 치료를 받기 시작했습니다. 여자 친구에게는 충치 때문에 치료받는다는 말을 못 하고 정기 검진이라고만 했습니다. 사실 진호씨는 키스를 하게 되면 충치가 옮을 수 있다는 얘기를 듣고 깜짝 놀랐습니다. 충치가 없더라도 입안에는 엄청나게 많은 세균들이 있다고 들었는데 키스를 통해 충치균이 옮을 수 있을까요?

많은 사람들이 키스 전에 껌을 씹거나 가글 기능이 있는 스프레이를 뿌리곤 하지만 충치를 옮기지 않으려면 혀를 닦는 것이 더욱 중요합니다.

사람의 침 1밀리리터 안에는 500종 이상의 세균이 1억 마리 이상 포함되어 있는데 대부분 혀 부분에 집중되어 있기 때문입니다.

물론 키스는 장점이 매우 많기 때문에 충치 걱정 때문에 키스를 하지 말자는 것은 아닙니다. 다만 키스를 통해 사랑하는 사람에게 충치도 감염시킬 수 있는 만큼 양치질을 더욱 잘하고 특히 키스 전에는 혀를 잘 닦는 것이 중요하다는 것을 강조하고 싶은 것입니다.

실제로 혀에는 잇몸 병을 일으키는 진지발리스균과 충치를 일으키는 뮤탄스 등의 세균이 수천억 마리나 상주하는데 키스하기 전 양치질을 잘하고 혀의 안쪽을 꼭 닦는 것은 에티켓이라고 볼 수 있습니다.

한편 많은 사람들의 짐작처럼 키스를 하면 서로의 친밀도가 상승해 사랑의 감정이 깊어질 수 있습니다.

실제로 한 연구에 따르면 10초 동안 키스를 하면 8천만 마리의 세균이 교환되는데 초파리 실험 결과 같은 세균을 넣어 준 것들끼리 짝짓기를 하는 것이 입증되어 키스를 통해 세균을 공유할 경우 호감도가 상승한다는 결과를 얻었습니다.

BONUS 예쁘다고 아이에게 하는 뽀뽀, 충치 주범

어린아이들의 충치 예방을 위해서는 입에다 뽀뽀하는 것을 피해야 합니다. 많은 충치 균 중에 '뮤탄스균'은 치아 겉면의 단단한 곳에서만 자라는데 타액(침)을 통한 감염 비중이 매우 높아 어린아이가 감염될 경우 감염되지 않은 아이보다 높은 충치 발생률을 보이게 됩니다. 따라서 구강 상태가 좋지 않다면 되도록 아이들과의 뽀뽀는 자제하거나 입이 아닌 볼에 하는 것이 좋습니다.

또한 뽀뽀 이외에도 부모의 잘못된 식습관으로 인해 가족 감염이 생기는 경우가 많은데 △어린아이들에게 음식을 씹어 먹이기 △어른이 사용하던 식기로 아이에게 먹이기 △이유식을 맛보고 먹이기 △뜨거운 음식을 입으로 불어서 식히기 등의 식습관은 부모의 뮤탄스균이 아이에게 감염될 수 있으므로 보육자의 식습관 개선 및 구강 건강 관리가 먼저 이루어져야 합니다.

닥터 현 Dr. Hyun의 어드바이스

양치질을 다 하고 난 후 혀를 닦다 보면 구역질이 올라와 쉽게 하지 못하는 경우가 있는데 혀 클리너를 사용하면 손쉽게 할 수가 있습니다. 혀 클리너는 천 원~5천 원 정도로 저렴하게 구입이 가능한데 부드러운 것으로 사용하는 것이 좋습니다. 특히 혀 클리너를 사용할 경우 자기도 놀랄 만큼 백태가 많이 나오는 경우도 있는데, 백태는 나이가 들수록 매일 닦아 내도 매일 많은 양이 생길 수 있습니다. 백태의 정체는 죽은 세균과 곰팡이들의 시체라고 볼 수 있습니다. 매일 잘 닦아 주면 충치 예방과 구강 건강에 큰 도움이 될 수 있습니다.

자연치아 하나 값
3천만 원!

순철 씨는 취객과 시비가 붙어 폭행을 당했는데 치아가 부러
지고 말았습니다. 상대가 무턱대고 주먹을 날려대는 바람에
치아가 부러진 상황이었죠. 부러진 치아를 붙이는 것은 쉽
지 않은 상황이라 임플란트를 심기로 했는데 보상비 부분에
서 문제가 생겼습니다. 문제를 일으킨 취객은 임플란트 비용
만 내겠다고 한 것인데 순철 씨는 멀쩡하던 치아를 망가뜨렸
으니 임플란트 비용뿐 아니라 자연치아 손상에 대한 손해 비
용을 요구한 것입니다. 결국 두 사람은 치료비와 함께 일정
금액의 피해 보상금을 지불하기로 합의했는데 액수가 1천만
원 정도가 나와 깜짝 놀랐습니다.

치아에 대한 손해배상으로 1천만 원 정도가 나왔다고 하면 놀라는 사
람들이 있지만 실제로는 결코 많이 받은 것이 아닙니다. 자연치아 하나
를 평생 잘 사용한다고 할 때의 가치가 그보다 훨씬 크기 때문입니다.
실제로 예부터 오복을 얘기할 때 치아가 좋은 것을 으뜸으로 쳤습니다.
현재 각종 전신 질환이 치아 건강과 밀접한 관련이 있다는 사실이 속속
밝혀지는 것을 생각하면 조상들의 지혜가 정말 대단하다는 것을 알 수

있는데요.

한 연구에 따르면 자연치아 하나의 가치는 약 3천만 원에 달한다고 합니다. 한 사람이 보통 28개의 치아를 갖고 살아가는 것을 생각하면 누구나 10억 이상의 자산을 갖고 살아가는 것인데요.

실제로 아무리 좋은 임플란트로 시술을 하더라도 자연치아의 오묘함을 따라갈 수 없다는 점에서 조물주의 위대함을 새삼 생각하게 됩니다.

그런 점에서 볼 때 평소 양치질을 잘하고 자연치아를 최대한 보존하는 치료가 우선되어야 할 텐데요. 스무 개의 치아를 여든 살까지 갖고 간다는 한 치약 회사의 광고 문구처럼 자연치아를 오랫동안 갖고 살 수 있다면 정말로 복 받은 사람이라고 얘기 드리고 싶습니다.

BONUS **사랑니 보관해 주는 치아은행 아시나요?**

사고로 이가 부러지거나 사랑니의 위치가 안 좋아 발치를 하게 될 경우 튼튼한 사랑니를 버리는 게 아까워 치아은행에 보관하는 경우가 있습니다. 향후 임플란트 등의 시술을 할 때 자신의 치아를 인공 뼈 대용으로 활용하면 비교적 비용도 적게 들고 부작용도 거의 없기 때문인데요.

치아은행은 사랑니처럼 어쩔 수 없이 뽑은 자신의 치아를 오랜 시간 보관하는 것으로 상온에서는 5년, 영하 80도에서는 20년 이상 보관할 수 있습니다.

이 경우 꼭 본인이 아니어도 친족 간에 사용할 수도 있다는 장점이 있는데 일반적으로 합성골이나 이종골 같은 이식재에 비해서는 분명히 면역력이나 비용절감, 감염이 적은 점 등의 이점이 있다고 알려져 있습니다.

다만 언제 필요할지도 모르는 치아를 길게는 10년 이상 보관한다는 것이 가성비 면에서 떨어지는 것은 아닌가 하는 지적도 있는데요. 집안에 유전 질환이 있거나 하는 특수한 경우라면 제대혈을 보관하는 것처럼 한번쯤 검토해 봐도 괜찮을 수 있습니다.

닥터 현 Dr. Hyun의 어드바이스

치과만큼 가기 싫은 병원도 없다고 얘기하시는 분들이 참 많습니다. 저 역시 치과 의사지만 제가 환자가 되어 누워 있다고 생각하면 결코 기분 좋은 일은 아닙니다. 그런데 치과만큼 자주 방문하는 게 이로운 병원도 없습니다. 문제가 되는 초기에 조금만 관리하면 충치로 나빠지지 않고 그냥 손쉽게 치료할 수 있기 때문입니다. 하지만 너무 아파서 눈물 날 정도가 되어 병원을 찾는다면 치료할 수 있는 선택 사항이 별로 없어 도리어 많은 비용과 시간이 듭니다. 모쪼록 치과에 좀 더 자주 방문해서 자연치아를 많이 갖고 오래 건강하시길 바랍니다.

치주 질환, 류마티스 관절염과도 관련 있어요!

대기업에서 근무하는 현주 씨는 평소 무리한 다이어트로 잇몸이 들떠 치과에 다니곤 했는데 어느 날 류마티스내과의 협진을 받아 보라는 설명을 들었습니다. 잇몸 병이 재발되고 잘 낫지 않는데 혹시 모르니 류마티스 관절염 검사를 받아 보라는 얘기였습니다. 현주 씨는 치과에서 류마티스 관절염 얘기를 하니 어이가 없어서 고개를 갸웃거렸습니다. 하지만 인터넷을 검색하니 잇몸 질환자의 일부에서 류마티스 관절염과 같은 조직을 검사한다는 내용이 있어 류마티스 전문병원을 찾아 검사를 받았습니다.

잇몸 병은 치과 질환이지만 현주 씨처럼 자주 발생한다면 류마티스 관절염을 한번쯤 의심해야 합니다. 잇몸 병이 잦은 사람은 염증에 약하다는 면에서 류마티스 관절염에 걸릴 위험이 높기 때문입니다. 실제로 치주염도 진지발리스라고 하는 균이 원인균으로 알려져 있는데 그 균이 류마티스 관절염 발병에 연관이 있다고 알려져 있습니다.

따라서 큰 고통을 수반하는 류마티스 관절염을 조기에 발견하려면 잇몸 안의 세균을 통한 항체 검사를 통해 미리 확인하는 것이 큰 도움이 될 수 있습니다.

한편 통계에 따르면 현재 잇몸 병 환자는 1천만 명이 넘어 국민 5명 중 1명이 잇몸 병을 앓고 있다고 합니다.

풍치라고도 불리는 잇몸 병은 잇몸이나 이 뿌리에 염증이 생기는 것인데 양치질을 할 때 치아만 닦는 것이 아니라 잇몸부터 쓸어내리듯이 닦으면 예방과 치료에 도움이 됩니다.

잇몸 병 초기에는 잇몸이 붓거나 잇몸에서 피가 나는 것이 주된 증상입니다. 하지만 조금 더 질환이 진행되면 치조골까지 염증이 파급되어 나중에는 치아를 뽑게 되는데 각종 질병 발병 위험을 높인다는 점이 속속 알려지고 있어 각별한 주의가 필요합니다.

BONUS 잇몸 병 자주 걸리면 진지발리스균 항체 검사 필요

다이어트를 많이 하는 젊은 여성들에게 늘고 있는 류마티스 관절염은 치주 질환과 연관성이 깊습니다. 잇몸과 치아의 경우, 뼈와 뼈가 만나는 손가락이나 발가락 관절과 비슷한 구조를 가지고 있다 보니, 잇몸에 존재하는 진지발리스균 같은 세균이 혈관을 타고 관절에 쉽게 안착하기 때문인데요. 잇몸에 염증이 잘 생기는 사람은 관절에도 염증이 생기기 쉽다고 볼 수 있습니다.

그 중에서도 진지발리스균은 치주병에서도 가장 위험한 세균으로 꼽히는데 몸속에 들어가서 단백질을 변형시키는 특징이 있으며, 변형

된 단백질이 항원이 돼 관절염을 유발할 수 있습니다.

실제로 일산병원 치주과 김영택 교수 팀에서 102만 5,340명의 치주염 환자 데이터를 종합해 '치주염과 생활 습관병의 상관 관계'를 확인한 결과, 치주염 환자에서 류마티스 관절염 발생 가능성이 1.17배로 높았습니다. 또한 2005년에 노르웨이 베르겐 대학의 키딜 모엔(Ketil Moen) 박사는 '관절액 내에서 구강 세균의 DNA를 발견했다'는 논문을 발표하기도 한 만큼 잇몸 질환이 심하다면 한번쯤 류마티스 관절염의 항체 여부를 확인하는 것이 도움이 될 수 있습니다.

닥터 현 Dr. Hyun의 어드바이스

한국인이 감기 다음으로 많이 앓고 있는 것이 잇몸 병이지만 잇몸 병은 종종 생명을 앗아갈 수 있는 중요한 질병의 조기 신호가 될 수 있어 관심이 필요합니다. 실제로 제 환자 중에서도 잇몸 병으로 자주 찾는 분이 계셔서 류마티스 관절염 검사를 권했었는데 지금은 증상이 없지만 앞으로 나타날 것이라며 1기도 되기 전에 발견해서 정말 다행이라는 분이 계셨습니다. 사실 류마티스 관절염이 아직까지 완치도 안되고 치료도 어려운 질병인데 증상 발현 전에 알 수 있다면 치료에 큰도움이 된다고 하는데요. 모쪼록 잇몸 병 환자라면 한 번씩 확인해 보시길 바랍니다.

왜 치과마다 충치 개수가
차이 날까요?

학수 씨는 평소 충치로 고생했는데 마늘을 구워 진통제로 사용하곤 했습니다. 대부분의 경우 그렇게 하면 넘어갔는데 이번에는 아무리 그렇게 해도 낫지가 않았습니다. 결국 동네 치과를 찾아갔는데 아픈 치아가 너무 상했다며 살리기 어렵다는 진단이었습니다. 또한 옆에 있는 치아도 5개나 썩어 있는데 썩은 치아는 그나마 남아 있는 다른 치아에도 나쁜 영향을 주니까 바로 같이 치료하자고 했습니다. 하지만 경제적으로 여의치 않던 학수 씨는 아빠 친구의 소개로 저를 찾아왔습니다. 제가 살펴보니 아픈 것 하나는 발치 후 임플란트가 필요하지만 다른 것들은 염증만 없애는 치료면 충분할 것 같아 앞으로는 양치질을 잘하라며 양치 방법을 설명해 주었습니다.

사실 치과마다 충치 개수에 차이가 난다고 해서 사회적으로 문제가 되는 경우가 있지만 결코 다수의 이야기는 아닙니다. 치과 의사마다 충치의 범주를 생각할 때 차이가 날 수 있는데 치아 표면 법랑질에 생긴 작은 염증을 충치로 볼 것이냐에 따라 한두 개 정도 차이가 날 수 있습니다.

애초 이러한 부분을 충치로 보지 않는 사람들은 양치질만 잘해도 없어질 수 있기 때문에 굳이 치과 치료가 필요 없다고 보는 쪽이고 후자의 경우 선제적으로 치료하는 것이 향후 더 큰 손해를 막을 수 있다는 입장인 것입니다.

무엇 하나 절대적으로 옳고 절대적으로 틀리다고 말하긴 어려운 부분이지만 개인적으로는 상태의 위험성은 알려 주되 치료는 하지 않는 것이 맞다고 생각해서 저는 그렇게 하고 있습니다.

그런데 일부 지나치게 상업적인 치과에서는 누구에게나 생길 수 있는 초기의 비진행성 충치를 충치라고 보고 전부 치료해야 한다는 식으로 과잉 진료를 하는 경우도 있습니다. 그리고 나서는 이것을 금 인레이로 치료할 때 금을 너무 얇게, 거의 금박에 가깝게 써서 치료해 주는데, 이것을 '사시미 인레이'라는 우스갯소리로 부르기도 합니다.

따라서 지나치게 단가가 낮은데 개수가 생각보다 많다면 한번쯤 의심을 해 보는 것도 좋습니다. 또한 한 개의 치아에 문제가 생겨 치과를 찾았다가 여러 가지 치료를 권하는 경우가 있는데 상식적으로 범주를 넘어선다면 급한 치료만 먼저 하고 향후 다른 의사를 한번 더 찾아보는 것도 좋은 방법입니다.

　　많은 환자들이 한 군데 치과에 갔다가 너무 비싸다 싶으면 다른 치과에 가지만 역시나 가격만으로 비교하는 경향이 있습니다. 하지만 중요한 것은 가격이 아니라 정확한 진단과 치료 방향인 만큼 상담 내용을 꼼꼼히 메모하는 것이 도움이 될 수 있습니다.

　　이 경우 다른 치과에 방문했을 때 질문을 통해서 좀 더 자세한 내용을 확인할 수도 있고 말이 서로 다르다면 어떤 치과의 설명이 맞는지도 확인할 수 있습니다.

닥터 현 Dr. Hyun의 어드바이스

　　환자들이 가장 저렴한 치과만 찾다 보면 치료의 질 역시 가장 싸구려를 만나기 쉽다는 함정이 있음을 명심해야 합니다. 치과 치료의 경우 시술자의 숙련도가 85퍼센트 이상을 차지하는데 무조건 저렴한 곳만 찾다 보면 경험이 적은 의사에게 치료받는 경우가 있습니다. 충치 개수가 치과마다 큰 차이가 난다면 인터넷 검색 내용만 믿을 것이 아니라 실제 지역 주민들의 평판을 들어 보는 것도 좋은 팁이 될 수 있습니다.

젊은 사람도 임플란트 필요한가요?

민종 씨는 치과에서 충치 치료를 받던 중 임플란트 시술을 권유받고 깜짝 놀랐습니다. 어릴 적부터 충치가 많아 5년에 한번 꼴로 치과에 다니기는 했지만 서른도 안 되었는데 임플란트를 해야 한다는 것이 괜히 속는 듯한 기분이 들었기 때문입니다.

나쁜 치과인 것 같다는 의심을 지울 수 없었던 민종 씨, 물어 물어 저에게까지 찾아왔는데 다른 데는 그냥 치료하더라도 어금니는 임플란트를 심자고 설명해 주었습니다.

민종 씨처럼 치과에서 치료를 받다가 임플란트를 권유받는 젊은이들이 많습니다.

커피나 탄산음료, 패스트푸드를 즐기고 섬유소를 제대로 섭취하지 않는 서구화된 식습관 때문에 구강 상태가 나쁜 경우가 많기 때문입니다.

실제로 젊은이들이 임플란트를 하는 경우는 대부분 충치나 잇몸 질환 때문이고 운동 중 부상이나 사고로 치아가 빠진 경우는 상대적으로 적은 편입니다.

또 젊은이들은 치과 질환이 있어도 치료받기를 싫어하는 경우가 많은데 참을 수 없는 통증이 찾아왔을 때에는 이미 손쓰기 어려운 경우가 많습니다.

젊은이들에게도 임플란트가 권장되는 경우는 어금니가 빠졌을 경우가 대표적입니다.

비교적 저렴한 브리지 시술이 있지만 그것은 옆의 치아에 손상을 입힙니다. 그래서 어금니의 경우 독립적으로 시술 가능한 임플란트가 효과적입니다.

한편 젊은이들이 임플란트를 시술받는다면 시술 이후에도 구강 청결에 각별한 신경을 기울여야 합니다.

임플란트의 수명이 반영구적이라고 얘기하는 사람들이 있지만 이는 하루 3번 이상 양치질을 잘하고 정기적인 치과 치료를 통해 잘 관리하는 사람들에게만 해당하기 때문입니다.

임플란트를 심고 나서도 양치질을 제대로 못 하거나 정기적인 검진을 받지 않으면 임플란트 주위에 염증이 생겨 임플란트의 수명을 크게 단축시키게 됩니다.

실제로 스웨덴의 한 조사 자료에 따르면 5년 이상 된 임플란트 시술자의 4명 중 1명이 임플란트 주위염으로 고생하고 있는 것으로 나타났습니다.

이처럼 임플란트 주위염이 많은 이유는 임플란트 주변에는 자연 치아와는 달리 혈관과 신경이 없는 것과 관련이 깊습니다.

임플란트는 감각 기능이 없기 때문에 어느 정도 망가질 때까지, 심지어는 임플란트가 빠질 때까지도 환자가 알지 못하는 경우가 대부분인데 젊은 나이에 충치로 치아를 뽑는 환자들은 평생 잇몸 관리에 소홀했던 것으로 볼 수 있는 만큼 의식적으로 칫솔질을 깨끗하게 하고 잇몸 관리를 철저하게 하는 것이 필요합니다.

BONUS 잇몸병 심하다면 '페리오플란트' 특효

임플란트의 수명이 천차만별인데 가장 큰 이유는 임플란트 주위염 때문입니다. 임플란트 주위염이란 자연치의 풍치에 해당하는 것인데 잇몸에 생긴 염증으로 뿌리가 흔들리고 충치가 생기는 것입니다.

임플란트도 이것만은 피해 갈 수 없는데 실제로 병원에서 환자들을 만나 보니 풍치가 있는 사람들의 염증 발생 빈도가 매우 높았습니다. 오래 쓰는 사람은 20년이 지나도 문제가 없는데 잇몸이 약한 사람은 5년도 못 가서 임플란트가 빠지는 사태가 발생하는 것을 보고 저는 연구를 시작했습니다.

페리오플란트는 제가 2000년부터 10년간 연구해 세계에서 처음으로 개발한 것으로 기존 임플란트의 단점을 해결하기 위해서 임플란트 상부에 Perio-BAND라는 매끄러운 표면을 만들어 염증이 더 이상 진행되는 것을 막아 주는 기능형 임플란트입니다.

이는 염증이 더 진행되기 전에 치료할 수 있게 해서 임플란트의 수명

" "

임플란트 상부에 밴드를 만들어서

염증의 진행을 막아 주는 기능형 임플란트인

페리오플란트

을 연장시키는 결과를 가져왔는데 국내외 많은 치과 의사들로부터 인플란트 주위염 예방에 매우 좋은 임플란트로 인정받고 있습니다.

닥터 현 Dr. Hyun의 어드바이스

　　임플란트의 종류가 전 세계적으로 수백 가지가 넘는 상황에서 페리오플란트가 가장 좋다고 얘기하면 과장이라고 할 수 있을 것입니다. 하지만 적어도 풍치 환자들에게 가장 좋은 임플란트는 페리오플란트가 맞다고 얘기할 수 있습니다. 왜냐하면 제가 실제로 풍치 환자들을 치료하면서 잇몸 병에 튼튼한 임플란트를 찾아보았으나 여기에 특화된 것을 찾지 못했고, 그렇다면 직접 연구해서 개발해 보자 생각하고 오랜 연구 기간을 거쳐 저희 연구소에서 직접 개발했기 때문입니다.

　　미국에서 특허를 획득하고 연구 결과를 인정받은 것도, 적어도 풍치나 당뇨가 있는 사람들에게는 페리오 밴드를 사용해 더 이상의 염증 진행을 막아 주는 페리오플란트가 효과적이라는 사실을 인정했기 때문입니다. 저 역시 저희 가족과 친척들 중 풍치가 있는 환자에게는 페리오플란트를 시술해 주고 있는데 염증의 진행 속도가 확연하게 더뎌서 자부심을 느끼고 있습니다.

스타의 '분노의 양치질' 절대 따라 하지 마세요!

연기 지망생인 백호 씨는 양치질을 할 때에도 연기 훈련에 매진합니다. 이글거리는 눈빛을 띠고 잡아먹을 듯한 표정으로 벅벅 문질러대는데요. 어느 날 이가 시려 병원을 찾았더니 잇몸이 쓸려서 그렇다고 양치질을 약하게 하라는 진단을 받았습니다.

일전에 유명 연예인이 '분노의 양치질'이라고 해서 칫솔을 들고 벅벅 문질러대는 모습을 선보인 적이 있습니다. 카리스마 있는 배우의 열연으로 유명세를 타며 이후에도 많은 패러디를 낳았는데요. 사실 이러한 양치 습관은 잇몸 건강을 해치는 지름길입니다.

잇몸은 벅벅 문지를 경우 상처가 생기기 쉬운데 이렇게 생긴 상처를 통해 나쁜 세균이 전신으로 퍼질 수 있습니다.

또한 잇몸과 치아 사이에는 치주 포켓이라고 하는 세균 주머니가 있는데 양치질을 할 때는 이곳을 부드럽게 마사지하듯이 닦아서 세균을 털어 주어야 합니다.

'치주 포켓'이라고 불리는 세균 주머니는 잇몸과 치아의 경계에 있는 포켓 모양의 틈을 말합니다. 건강한 잇몸은 2~3밀리미터 정도의 틈이

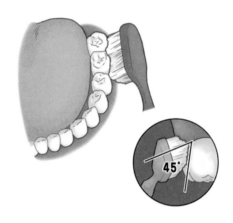

바스 양치법은 칫솔모의 끝을 치아와 잇몸이
닿는 부위에 45도 방향으로 밀착시켜 약 10초쯤 앞뒤
방향으로 진동을 준 뒤 옆으로 이동하는 방식입니다.
이렇게 하면 이와 잇몸 사이에 낀 프라그가 효과적으로 제거되며
잇몸 마사지 효과까지 있어 대한치주과학회에서도
추천하는 방식입니다.

있지만 잇몸 병이 있으면 더욱 깊은데요.

잇몸 병을 예방하고 치료하려면 이 부분을 잘 닦아 주는 것이 매우 중요합니다.

하지만 많은 사람들은 치아만 닦곤 하는데 치아 포켓에 칫솔의 솔을 넣고 가볍게 흔들어 주고, 칫솔모가 이 세균 주머니에 들어가서 닦아 낼 수 있게 진동을 주는 바스(Bass)의 칫솔법을 사용하는 것이 좋습니다.

바스의 칫솔법 또는 바스 양치법(Bass brushing technique)이란 미국 뉴올리언스 툴란 대학 의대 학장을 역임한 바스 교수가 잇몸 병을 예방하기 위해 만든 칫솔질인데 이와 잇몸 사이에 낀 프라그가 효과적으로 제거되며 잇몸 마사지 효과까지 있어 대한치주과학회에서도 추천하는 방식입니다.

이는 칫솔모의 끝을 치아와 잇몸이 닿는 부위에 45도 방향으로 밀착시켜 약 10초쯤 앞뒤 방향으로 진동을 준 뒤 옆으로 이동하는 방식으로 성인들의 치주병 예방과 치료에 있어 아무리 강조해도 그 중요성이 부족함이 없을 정도로 중요합니다.

BONUS **35세 이상이라면 바스의 칫솔질 익히세요!**

입안에 상주하는 세균들의 종류와 위험성이 속속 알려지고 있습니다. 특히 최근 가장 위험한 입속 세균으로 꼽히고 있는 진지발리스균은 치아와 잇몸 사이의 치주 포켓에 주로 서식해 잇몸 조직을 이루고 있는 콜라겐을 분해하는 효소를 분비함으로써 치아를 잃게 만든다고 알려져 있는데요. 35세 이상이라면 누구나 진지발리스균 같은 혐기성 세균이 증가하는 만큼 바스의 칫솔법을 사용하는 것이 더욱 도움이 될 수 있습니다. 칫솔을 기울여 진동을 주는 것이 핵심인 만큼 빨리 하려고 애쓰지 말고 천천히 꼼꼼하게 양치질하는 것이 중요합니다.

닥터 현 Dr. Hyun의 어드바이스

분노의 양치질을 하는 어른들 중에는 처음엔 약하게 하는데 어느 순간 자신도 모르게 힘을 세게 주고 있다고 얘기하는 분들이 있습니다. 이 경우 벅벅 문지르기 때문에 구석구석 잘 안 닦이는 문제와 함께 잇몸이 파일 수 있다는 단점이 있는데요. 어린이 전용 칫솔을 이용해 닦는 것이 도움이 될 수 있습니다. 어린이 칫솔은 워낙 작기 때문에 힘을 세게 주기 어렵고 구석구석 닦을 수 있는 장점이 있는데요. 어린이용 칫솔로 해도 힘을 세게 주는 것이 고쳐지지 않는다면 오른손으로 하던 양치질을 왼손으로 바꾸는 것도 도움이 될 수 있습니다.

임신 준비,
잇몸 치료도 빼놓지 마세요!

웹디자이로 활동하는 민정 씨는 결혼 후 피임 없이 3년이 지났는데 아이가 생기지 않자 산부인과의 불임클리닉을 찾아 임신 준비에 돌입했습니다. 엽산을 챙겨 먹고, 술과 담배를 멀리하고 충분한 운동으로 건강 유지에 힘썼습니다. 그런데 양치질을 하다가 칫솔에 피가 묻었는데 치과를 가야 할지 말아야 할지 고민스러웠습니다. 매번 그런 것도 아니고 어쩌다 한번인데 괜스레 잇몸 치료하면서 들쑤셔 놓으면 오히려 해로울까 염려된 것인데요. 산부인과를 찾아 상담받은 민정 씨는 임신 전에 잇몸 치료부터 받는 게 좋다는 조언에 치과를 찾았습니다.

민정 씨처럼 임신을 계획 중이라면 건강한 산모와 태아 건강을 위해 생각하고 준비해야 할 것들이 있게 마련입니다. 그 가운데 잇몸 병도 가볍게 볼 것만은 아닌데요. 잇몸 병 조기 치료가 산모는 물론 태아에게도 매우 중요한 역할을 합니다.

실제로 임신을 준비할 경우, 사랑니가 있다면 미리 뽑고, 잇몸 병도 가볍게 여기지 말고 미리 치료하는 것이 바람직합니다. 임신을 하면 신체 내 여성호르몬인 에스트로겐과 프로게스테론의 분비가 크게 늘면서 잇몸 병이 심해질 수 있는데, 이때 입속 세균이 태반 막에 도달해 염증을 일으킬 수 있기 때문입니다.

이 경우 조산 위험은 잇몸 병이 없는 사람의 3.5배, 저체중아를 낳을 위험은 17.5배라는 연구 결과가 있습니다.

잇몸 병이 있는 임신부는 치료는 물론, 평소의 치아 관리도 중요합니다. 생약 성분의 항염증성 치약과 부드러운 칫솔, 치실을 쓰고, 혀 클리너를 사용해 혀에 붙은 백태와 함께 치주 포켓을 열심히 제거하는 것이 임신부 본인과 태아 모두의 건강을 지키는 데 큰 힘이 될 수 있습니다.

BONUS 임신부의 양치 덧 남편이 도와주세요!

임신부들이 임신 초기 가장 힘들어하는 게 입덧이라는 점은 모르는 사람들이 없지만 '양치 덧'도 신경 써야 합니다. 양치 덧이란 치약 냄새만 맡아도 구역질이 나거나 양치질을 하다가도 구토를 하는 증상을 말하는데 제대로 관리가 안 될 경우 임신 말기에 아주 심한 염증 상태로 악화될 수 있기 때문입니다.

임신을 한 후 찾아오는 양치 덧을 극복하려면 다음과 같은 방법이 도움이 될 수 있습니다.

- ◆ 향이 강하면서 자극적인 치약 사용 피하기
- ◆ 칫솔을 작은 것으로 바꾸기
- ◆ 얼굴을 앞으로 기울여 세균을 앞으로 긁어 내듯 닦기
- ◆ 치약 사용량은 되도록 적게 하기
- ◆ 치약을 도저히 사용하기 어렵다면 깨끗한 물과 칫솔만 이용해 양치하기

한편 입덧으로 구토를 했다면 곧바로 양치질을 하기보다 30분 후에 양치질을 하는 것이 좋습니다. 입으로 올라온 산이 치아를 부식시켜 약간의 자극만으로도 치아가 손상될 수 있기 때문입니다.

또한 구강 청결제를 과도하게 사용하면 입안이 건조해질 수 있으니 꼭 필요할 때만 하는 것이 좋습니다.

한편 임신 중 치과 치료를 받기 꺼리는 사람도 있는데, 태아와 산모에게 비교적 영향을 덜 미치는 임신 4~6개월 사이에 치과 치료를 받는 것이 좋으며 임신 계획이 있으면 가급적 미리 치아와 잇몸 상태를 검사하는 것이 가장 좋습니다.

닥터 현 Dr. Hyun의 어드바이스

임신부 역시 입속 세균이 많기 마련인데 양치질을 잘하는 것은 매우 중요합니다. 또한 혀 안쪽의 백태를 제거하는 것도 빼놓아서는 안

되는데 칫솔을 대면 구역질이 올라와 양치하기 어렵습니다. 이때엔 부드러운 혀 클리너를 이용해 살짝 밀어 주면 좋은데요. 입안을 상쾌하게 해주는 스프레이 제제를 가끔 병용하는 것도 도움이 될 수 있습니다.

잇몸 질환엔
미세모 칫솔 마사지 좋아요!

평소 잇몸 병으로 고생하는 성민 씨. 잇몸 병 환자를 위한 미세모 칫솔을 사용하는데 만 원도 넘는 비싼 돈을 주고 샀지만 한 달이 못 되어 칫솔이 벌어지기 일쑤입니다. 또한 칫솔이 작아 양치 시간이 길어진다는 점도 불편했는데 30초 이내로 빨리빨리 하는 날이 늘어났습니다. 결국 모든 것이 귀찮아 전동칫솔로 바꾼 성민 씨는 조금 편해지긴 했지만 잇몸에 닿는 느낌이 뻑뻑하다며 다시 부드러운 칫솔 찾기에 나섰습니다.

성민 씨처럼 잇몸 병이 있는 환자들은 자신에게 꼭 맞는 칫솔을 찾기 어려워하는 경우가 많습니다. 치주 병은 우리나라 국민들이 감기 다음으로 많이 앓고 있는 질병으로 치아를 감싸고 있는 치조골이 부실해져 생깁니다.

잇몸 표면에 염증이 생기는 치은염을 방치할 경우 치주 병으로 넘어가고 치주 병이 심한 경우 치아를 잃을 수도 있습니다.

칫솔질을 할 때 피가 나거나, 차가운 물을 마실 때 이가 시린 느낌이 들면 병원을 찾아 원인을 파악하는 것이 중요합니다.

이 경우 미세모를 사용해서 마사지하듯이 잇몸을 닦아 주는 것이 도움이 될 수 있습니다.

'잇몸을 쓸겠다!', '잇몸을 마사지하겠다!', '잇몸에 자극을 주겠다!'는 느낌으로 닦으면 치아와 치아 사이, 치아와 잇몸 경계 부까지 깨끗하게 닦일 수 있는데 이러한 습관이 치석을 예방하는 지름길인 것입니다.

또한 많은 사람들이 별다른 생각 없이 칫솔질을 하고 있지만 치약의 효과가 남아 있을 때 치태가 생길 수 있는 부위를 먼저 닦는 것이 좋습니다.

대한치주과학회는 아랫니 안쪽을 가장 먼저 닦고, 다음으로 윗니 안쪽, 마지막에 바깥 면과 씹는 면을 닦아야 한다고 조언한 바 있습니다.

그런데 치아를 닦는 순서보다 더욱 중요한 것은 치아를 닦는 게 아니라 잇몸을 닦으면서 쓸어내리듯이 하는 방식으로 칫솔질을 해야 한다는 것입니다.

이는 특히 잇몸 질환이 있는 환자들에게 중요한데 특히나 진행 중인 잇몸 병으로 고생중인 환자라면 잇몸 병 환자를 위한 전용 칫솔과 치약을 사용하는 것도 좋습니다.

또한 실리콘 재질의 칫솔을 손가락에 끼워 직접 잇몸을 마사지해 주는 것도 도움이 될 수 있는데 작은 자극으로 수시로 해 주면 더욱 좋은 효과를 얻을 수 있습니다.

이에서 피가 나고 자주 시린 사람은 양치질뿐 아니라 잇몸 마사지도 해 주는 게 좋습니다. 실리콘 재질의 칫솔을 손가락에 낀 후 잇몸을 문질러 주는 것인데 부드러운 마사지용 전용 치약으로 문질러 주면 시린 증상을 개선할 수 있습니다. 또한 전용 치약을 쓰지 않더라도 잇몸부터 쓸어내리는 양치질도 중요한데 세균을 떨어뜨리는 효과와 함께 잇몸의 염증을 가라앉히는 효과도 얻을 수 있습니다.

닥터 현 Dr. Hyun의 어드바이스

많은 환자들이 잇몸 마사지 방법을 몰라서 못 한다고 얘기하지만 사실 어렵지 않습니다. 우선 양치질을 한 뒤 손을 깨끗이 씻은 다음 검지를 잇몸에 대고 시계 방향으로 원을 그리듯이 10회 정도 문지르면 됩니다. 맨 안쪽부터 빠진 곳 없이 잇몸 전체를 촘촘하게 문질러야 효과가 큰데요. 잇몸과 치아의 경계 부위에 부드러운 칫솔 모를 비스듬히 댄 후, 가볍게 진동을 주는 것도 매우 좋습니다. 이렇게 하면 잇몸과 치아 사이의 벌어진 부분에 염증이 생기는 것을 막아 줄 수 있는데요. 간혹 죽염 등을 묻혀서 마사지를 하는 경우가 있지만 대개의 경우 그렇게 하면 오히려 잇몸에 상처가 생길 수 있기 때문에 피하는 것이 좋습니다.

성인 치아 교정,
좋은 점 많아요!

어릴 적부터 치아가 가지런하지 못해 웃을 때면 입을 가리고 웃곤 했던 병석 씨가 충치를 치료하러 치과에 갔다가 교정을 권고받았습니다. 치아가 자꾸 앞으로 쏠리고 있어 그대로 놔둘 경우 저작 기능에 커다란 문제를 일으킬 것이라는 얘기였습니다. 어릴 적부터 치아 교정을 하고 싶었지만 어려운 가정 형편에 엄두도 못 냈던 병석 씨. 다행히 이번 달 보너스 받은 것도 있어 지갑이 두둑한 탓에 교정을 받기로 결심했습니다.

치아 교정은 어린이들만 하는 것으로 생각하기 쉽지만 최근에는 20대는 물론이고 40대 이상에서도 시술하는 경우가 늘고 있습니다.

한 치과병원에 따르면 2012년에 5.6퍼센트에 불과했던 40대 이상 치아 교정 환자가 2016년에는 상반기에만 8.6퍼센트에 달할 정도로 큰 폭으로 상승했다고 하는데요.

어릴 때의 치아 교정은 미용적인 이유가 많은 데 반해서 성인들의 치아 교정은 미용적인 부분 못지않게 기능적인 면을 중요하게 본다는 특징이 있습니다.

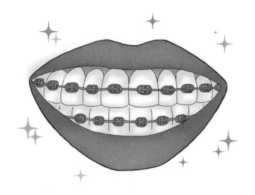

"

성인들의 치아 교정은 미용적인 부분 못지않게
기능적인 면을 중요하게 봅니다.
나이가 들수록 씹는 교합에 민감한 경우가 많은데,
저작 기능에 특별한 문제가 없다면 치아 전체를
교정하는 것이 아니라 윗니, 아랫니 중 어느 한쪽만 하거나
치아 일부분만 부분적으로 교정할 수 있기 때문에
성인 치아 교정은 비용 부담과 기간이 줄어드는
장점도 있습니다.

나이나 경제적 상황에 의해 미루거나 포기했던 교정 치료를 지금이라도 시작해서 비뚤어진 치아를 심미적으로 개선함과 동시에 치아도 건강하게 유지하려고 하는 것이라는 분석인데요.

실제로 치아는 나이가 들면서 노화 현상이 지속되고 잇몸이 약해지면서 치아가 몰려 서로 겹치거나 틈이 벌어지게 될 수도 있습니다.

특히 50~60대 이상은 잇몸이 약해져 치아가 쉽게 흔들리거나 앞니가 앞으로 뻗치는 돌출 입 증상이 나타나기도 하는데요.

치아가 비틀어지거나 겹쳐 있는 경우 정상적인 치아에 비해 양치질이나 구강 위생 관리가 더 어렵고 고르지 못한 치아 사이로 음식물이 더 잘 끼고 충치와 잇몸 염증 등이 지속적으로 발병할 수 있습니다.

하지만 중년층의 경우 충분한 치조골을 갖고 있어야 가능하고, 나이와 상황에 따라 치료 기간과 효과에 다소 차이가 있어 교정 전 가능 여부를 충분히 진단하고 치료를 시작해야 합니다.

BONUS 성인 치아 교정, 어릴 때보다 쉬워요!

성인이 된 후 교정을 하려고 마음먹더라도 오랜 시간 동안 불편함을 참아야 하기 때문에 주저하는 경우가 많습니다.

하지만 나이가 들수록 어린아이와 달리 본인이 씹는 교합에 더욱 민감한 경우가 많은데 저작 기능에 특별한 문제가 없다면 치아 전체를 교정하는 것이 아니라 윗니, 아랫니 중 어느 한쪽만 하거나 치아 일부분만 부분적으로 교정할 수 있기 때문에 비용 부담과 기간이 줄어드는 장점도 있습니다.

따라서 성인의 경우 잇몸 상태와 치아가 씹히는 상태를 정확하게 진단해야 하고 교정이 끝나고도 사후 관리가 어떻게 이뤄지고 있는지 체계적인 책임 진료 시스템을 꼼꼼하게 따져 보고 나서 교정하는 것이 매우 중요합니다.

닥터 현 Dr. Hyun의 어드바이스

성인들의 치아 교정 중 난감한 때가 많은데 바로 담배를 끊지 못한다는 것입니다. 하지만 흡연을 하게 되면 교정도 어려울뿐더러 잇몸병도 심해지기 마련인데요. 적어도 교정을 결심한다면 금연은 필수라는 점을 꼭 기억하시길 바랍니다.

또한 나이가 들어도 치아 교정이 필요한 경우가 있는 것은 사실이지만 누구에게나 권할 만한 것은 아닙니다. 특히 성인의 경우 충분한 치조골을 갖고 있어야 교정이 가능한데, 나이와 상황에 따라 치료 기간과 효과에 다소 차이가 있어 교정 전 가능 여부를 충분히 진단하고 치료를 시작해야 합니다.

턱 교정 수술,
미소도 예뻐져요!

방송국 PD로 근무하는 종환 씨는 평소 많은 사람들을 만나는 직업이지만 사나운 인상으로 오해를 받는 경우가 많았습니다. 가만히 있으면 인상을 쓰는 것처럼 보이고 웃을 경우 비웃는 듯한 인상을 준다는 것이었는데요. 평소 돌출된 턱 때문이라는 생각에 턱 교정 수술을 받았습니다. 다행히 수술 이후에는 훨씬 부드러운 인상을 갖게 되었고 썩소로 불렸던 미소도 많이 개선되었습니다.

성인 치아 교정이 꾸준히 증가하는 상황에서 종환 씨처럼 턱 교정 수술이 미소의 개선에 상당한 효과가 있다는 연구 결과가 주목을 받았습니다.

서울대치과병원에서 골격성 부정교합이 미소에 미치는 영향을 알아본 것인데요. 치과 질환이 미소에 결정적인 역할을 하는 경우가 많고 치과 의사들 또한 환자들로 하여금 환한 미소를 지을 수 있도록 하는 것이 치과 의사들의 역할로 인식하고 있다는 내용입니다.

실제로 주걱턱의 경우 웃을 때 아랫니가 많이 보였고, 무턱의 경우 윗니의 잇몸이 유난히 많이 보였는데요. 비대칭 환자의 경우 흔히 '썩소'라고 하는 비웃는 듯한 미소를 보이는 환자의 비율이 유난히 높았다고 합니다.

이 같은 미소에 대한 분석 결과 턱 교정 혹은 교정을 동반한 수술을 통해 아름다운 미소를 보이는 환자의 비율이 증가해 턱 교정 수술이 미소의 개선에 상당한 효과가 있음 또한 입증했다고 하는데요.

평소 미소가 아름답지 못해 고민이라면 교정이나 턱 교정 수술을 상담받는 것도 유용해 보입니다.

BONUS 주걱턱 교정 치료, 새는 발음 개선 효과

흔히 주걱턱이라고 부르는 3급 부정교합 구조를 지닌 사람을 대상으로 한 교정 치료가 외형뿐 아니라 발음 개선에도 효과가 있다는 것이 과학적으로 증명됐습니다.

아주대병원 연구팀은 서울대학교 언어학과 대학원과의 공동연구를 통해 3급 부정교합과 정상교합에 해당하는 성인 각각 24명을 대상으로 한국어 8개 단모음에 대한 발음을 측정 분석했는데요.

그 결과 주걱턱 환자는 아래턱의 과도한 성장과 혀의 상대적 저위치 등 골격 문제로 인해 비정상적인 발음을 내는 것으로 나타났습니다.

이어 삼성서울병원 구강외과팀과 함께 주걱턱 환자에 대해 악교정 수술을 실시한 뒤 6개월 경과 후의 발음을 재분석한 결과, 골격이 제자리를 찾아가며 발음이 정상교합자의 것과 가까워지는 것을 확인했는

데요.

연구팀은 "주걱턱 환자가 흔히 '발음이 새는 것 같다', '혀 짧은 발음이 나온다'고 호소하는 이유는 주걱턱의 구조적인 특징과 관련된 문제"라며 "주걱턱 환자는 영어 발음을 할 때에도 'S' 발음 등의 마찰음이 왜곡되어 나오는데, 발음의 문제도 심각한 사회적 장애가 될 수 있으니 발음 개선은 사회생활을 해야 하는 개인에게는 의미가 크다"고 연구 의의를 설명했습니다.

닥터 현 Dr. Hyun의 어드바이스

주걱턱인 성인이라면 양악 수술을 먼저 생각하는 경우가 많지만 치아 교정으로 가능한지 먼저 살펴보는 것이 합리적입니다. 치아 교정은 2~3년 정도의 기간 동안 교정 장치를 부착하는 방식으로, 양악 수술에 비해 상대적으로 안전하며, 무엇보다 수술 이상의 개선 효과를 기대할 수 있기 때문인데요. 하지만 난이도가 높은 방법으로 진행이 되기 때문에 충분한 상담 후 교정 치료를 결정하는 것이 좋으며, 해당 병원에서 진행한 환자들의 주걱턱 교정 전후 모습이나 후기를 확인하는 것도 좋은 방법이 될 수 있습니다.

사실 턱을 깎는다고 하는 것은 아무리 강심장이라고 해도 걱정이 될 수밖에 없는 큰 수술이지만 때로는 다른 대안이 있음에도 불구하고 수술을 권유하는 경우도 있어 주의가 필요합니다.

실제로 제게 찾아온 25살의 한 청년은 주걱턱 때문에 고민했고 한 치과병원에서 2천만 원 정도의 비용을 내고 수술을 하려고 상담 중이었습니다. 하지만 제가 봤을 땐 어렵긴 하지만 교정으로도 효과를 거둘 수 있는 정도였으며 실제로도 교정이 잘되어서 만족스러운 결과를 얻었습니다. 가격보다는 안전을 먼저 생각하고 한 군데보다는 두세 군데 의견을 듣고 가장 믿음이 가는 곳의 의견을 따르는 게 중요해 보입니다.

치실, 치간 칫솔
사용하세요?

영호 씨는 평소 술자리가 잦은데 종종 집에 오자마자 옷도 벗지 못하고 누워서 잘 때가 많았습니다. 이 때문인지 만성적인 치주염으로 고생을 많이 했는데요. 양치질할 때 피가 자주 나는 것은 물론이고 가끔 가만히 있어도 잇몸이 시릴 때가 많았습니다. 치과에서는 치실 사용을 매일 하라고 권했는데요. 잇몸 치료와 함께 치실 사용을 생활화한 후 증상이 개선되었습니다.

잇몸 병을 예방하기 위해서는 영호 씨처럼 평소 치실이나 치간 칫솔 같은 보조 기구를 사용하는 것이 효과적입니다. 맞닿아 있는 치아의 특성상 좁은 틈이 생기기 마련인데 아무리 꼼꼼하게 칫솔질을 한다고 해도 미세하게 남아 있는 음식물 찌꺼기를 전부 제거하긴 어렵기 때문입니다.

더욱이 나이가 들수록 치아에 보철물이 생기기 마련인데 이 경우 더욱 음식물 찌꺼기가 남기 쉽습니다.

실제로 양치질을 깨끗하게 한 이후에 곧바로 치실을 사용해 치아 사이사이를 닦는 경우 누구라도 음식물 찌꺼기가 나오는 것을 확인할 수 있습니다.

사람에 따라 정도에 차이는 있기 마련이지만 방치할 경우 잇몸 병을 유발하는 것은 두말하면 잔소리!

더욱이 놀라운 것은 치실 사용 이후에도 워터 픽과 같은 물 세정 장치로 강하게 압력을 줄 경우 치실로도 나오지 못하는 찌꺼기들을 확인할 수 있는데 정말로 제대로 양치질하는 게 얼마나 어려운지 실감할 수 있는 대목입니다.

따라서 잇몸 병 예방과 치료를 위해서는 매일 치실 사용을 생활화하고 일주일에 한 번 이상은 워터 픽도 사용해 숨어 있는 불순물 제거에 힘써야 합니다.

BONUS 치간 칫솔엔 치약 묻히지 말아야

잇몸 병 예방을 위해 칫솔질 외에 치실이나 치간 칫솔을 사용하는 것은 매우 좋은 습관입니다.

치아 사이가 벌어지지 않았다면 치실이, 치아 사이에 틈이 생겼다면 치간 칫솔이 적당한데 특히 잘 닦이지 않는 어금니에 추천됩니다. 중요한 것은 치실이나 치간 칫솔을 쓸 때는 치약을 바르면 안 된다는 것인데, 치아 옆면은 치아를 보호하는 법랑질 두께가 얇아 치약에 자주 닿으면 마모될 수 있기 때문입니다.

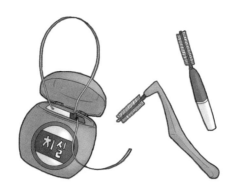

"
치아 사이의 좁은 틈은 칫솔질로는
닦기 어렵기 때문에 치실과 치간 칫솔을 사용하는 것은
잇몸 병 예방을 위해 매우 좋은 습관입니다.

치실 사용이 어려워 일회용 치실을 사용하는 사람들이 의외로 많은데 적지 않은 가격이 부담스러워 재활용을 한다는 사람들이 종종 있습니다. 특히 보철물이 많아 음식물이 낄 경우 이쑤시개보다는 치실이 좋다는 생각에 한번 썼던 것을 재활용한다는 환자들이 많았는데요. 사실 아무리 깨끗하게 물로 헹군 후 보관했다고 해도 세균까지 없앨 수는 없는 만큼 치실을 재활용할 바에는 그냥 물 양치를 하는 것이 더욱 낫다고 말씀드리고 싶습니다.

치아 변색 주범 김치찌개!

민석 씨는 누런 이 때문에 걱정이 많았는데 홈쇼핑에서 구매한 미백 치약도 별다른 효과가 없었습니다. 카레와 콜라 같은 음식도 피했는데 도무지 개선되지가 않아 답답해하던 민석 씨. TV 뉴스에서 김치찌개와 라면이 치아 변색의 주범이라는 소식을 듣고 망연자실했습니다. 거의 매일같이 먹는 음식이 김치찌개와 라면이었기 때문입니다.

많은 사람들이 커피나 카레, 콜라와 같이 색상이 진한 음식을 치아 변색의 주범으로 생각합니다. 하지만 이보다 더욱 치아 변색을 일으키는 숨겨진 주범이 따로 있어 각별한 주의가 필요합니다.

실제로 경희대 치과대학의 연구에 따르면 치아에 가장 잘 착색되는 식음료 1위는 12.7점을 받은 홍차였습니다. 홍차에 함유된 타닌 성분이 검은색 색소를 가지고 있어 치아 변색을 유발한 것입니다.

커피, 콜라가 치아에 좋지 않은 영향을 미치는 것도 바로 이 타닌 성분 때문이지만 커피와 콜라의 착색 점수는 각각 2.87점, 2점에 그쳐 홍차보다는 훨씬 낮았습니다.

의외의 복병은 치아 흡수율이 높은 초콜릿이었습니다. 초콜릿은

14.13점을 받아 커피보다 6배 이상 치아 변색에 영향을 끼쳤으며 홍차보다도 높은 것으로 드러났습니다.

그런데 이보다 더욱 주목해야 할 것은 김치찌개와 라면입니다. 일상에서 흔히 먹는 김치찌개와 라면도 치아를 노랗게 만드는 원인으로 꼽혔는데 한국인이 가장 자주 먹는 음식이라는 점에서 매우 조심할 필요가 있습니다.

사실 이번 연구 이전까지 김치는 치의학 상식에서 치아 변색의 주요 원인으로 꼽혔지만, 실상 연구 결과 착색은 확인되지 않았습니다. 하지만 김치를 주 재료로 만드는 김치찌개의 경우에는 착색 정도가 12.07점으로 높게 나타났기 때문에 김치 역시 치아 변색을 유발할 수 있다고 보는 것이 합리적일 것입니다.

그런데 김치찌개가 치아를 변색시키는 이유는 다름 아닌 온도와 기름 때문입니다.

현미경으로 치아 표면을 보면 수많은 구멍이 있는데 팽창되어 있는 상태에서 기름에 용해된 착색제들이 많이 들어갈 수 있기 때문에 치아 변색이 심할 수밖에 없는 것입니다.

같은 맥락에서 라면도 치아 미백엔 좋지 않은데 미백 치약을 매일 사용하는 것보다 김치찌개와 라면을 적게 먹고, 먹은 후에는 양치질을 곧바로 해 주는 것이 치아 미백에는 효과적이라고 말할 수 있습니다.

음식을 먹을 때 시금치나 양상추를 곁들이면 치아 착색을 줄일 수 있는데 특히 체다치즈와 브로콜리, 파인애플은 '천연 미백 식품'이라 해도 과언이 아닐 만큼 효과를 얻을 수 있습니다.

체다치즈는 타액 분비를 도와 입속 세균을 감소시킬 뿐 아니라 치아의 에나멜을 보호해 주고, 브로콜리도 철분이 함유돼 있어 산 성분이 치아에 직접적으로 닿는 걸 방지해 주기 때문입니다.

또한 파인애플을 먹으면 브로멜라인, 파파인 등 단백질 분해 요소가 치아의 에나멜 손상 없이도 표면 얼룩을 없애 줘 치아 미백에 도움을 줄 수 있습니다.

닥터 현 Dr. Hyun의 어드바이스

똑같은 김치찌개여도 집에서 만드는 것보다 저렴한 식당에서 만드는 김치찌개가 더욱 해롭습니다. 저렴한 가격으로 맛을 내기 위해 라면스프나 조미료를 듬뿍 넣기 때문인데요. 조미료 없이 담백하게 먹는 식습관이 치아 건강에도 도움이 된다는 점을 꼭 기억하시길 바랍니다.

잇몸 병 환자에게
미백 치약 별로다!

병석 씨는 평소 잇몸 병으로 고생하는데 치아 색이 누런 것에 대한 콤플렉스도 심했습니다. 이에 평소 미백 치약을 사용했고, 홈쇼핑을 통해 가정에서 치료 가능하다고 하는 미백 치료 기기도 구입했습니다. 그런데 미백 치약과 집에서 사용하는 미백 치료 이후 잇몸 병이 급격히 심해져 가만히 있어도 이가 시려서 아픈 지경에 이르렀습니다. 결국 치과를 찾은 병석 씨는 잇몸 병 환자는 미백 치료를 받아서는 안 된다는 설명에 허탈감을 감추지 못했습니다.

병석 씨처럼 별생각 없이 치아를 하얗게 만드는 미백 치약을 쓰는 경우가 있는데 미백 치약에는 연마제 성분이 너무 많이 들어가 있어 이것이 치경부 쪽의 마모를 일으킬 수 있습니다.

또한 치주 질환이 있는 사람도 연마제가 들어간 치약은 피해야 합니다. 치주 질환이 있으면 대부분 뿌리 쪽이 노출되는데 치아는 뿌리 부분이 굉장히 약하기 때문입니다. 이 경우 칫솔질만으로도 푹푹 파일 수 있는데 연마제까지 있으면 더욱 심하게 손상될 수 있습니다.

건강한 치아를 오랫동안 유지하기 위해서는 하루 3번 3분씩 양치질을 하는 좋은 습관과 함께 자신에게 적합한 치약을 사용하는 것도 중요하다는 점을 꼭 기억해야 합니다.

미백 제품, 유통 기한도 살펴보세요!

많은 사람들이 미백 제품을 고를 때 특정 성분과 가격만을 따지는 경향이 있지만 실제로는 유통 기한도 살펴봐야 합니다. 미백제의 유효 기간은 보통 1년에서 2년 정도인데 신선한 제품일수록 부작용이 적기 때문입니다.

실제로 미백제는 알카리성일 때 효과가 더욱 좋은데 보관상의 문제 때문에 중성이나 약산성으로 만들어지고 산성일수록 유효 기간을 늘일 수 있습니다.

하지만 산성일수록 시린 증상이 많이 나타나고 효과가 떨어지기 마련인데 초창기에 발매되었던 상점용 제품들이 많이 시렸던 이유도 농도의 문제도 있었지만 유효 기간상의 문제도 있었을 것으로 추정됩니다. 따라서 집에서 자가 미백을 시행할 예정이라면 가능한 신선한 미백제를 사용하는 것이 도움이 될 수 있습니다.

많은 사람들이 미백 치약을 구매할 때 큰 기대를 가지는 것 같습니다. 하지만 그것은 과도한 욕심이라고 볼 수 있는데요. 실제로 치과에서 미백 치료를 할 때는 약제가 잇몸에 닿지 않도록 방어를 한 후 치아에만 도포합니다.

미백제는 강산이기에 잇몸에 나쁜 영향을 주기 때문인데요. 만약 치약 속에 치과에서 사용하는 미백제와 동일한 농도의 산을 넣는다면, 입속은 큰 상처를 입을 수밖에 없습니다.

그러나 치약 속에는 강산을 사용할 수 없기에 산의 농도는 극히 낮을 수밖에 없는데요.

이러한 이유로 미백 치약을 사용한다고 해도 큰 기대를 해서는 안 됩니다.

BONUS **치아 변색 염려된다면 차 마실 때 우유 넣으세요!**

홍차와 커피처럼 현대인이 즐겨 마시는 차가 치아 변색의 주범이라는 사실이 알려지면서 차를 좋아하는 사람들의 걱정이 늘었는데요. 차에 우유를 넣어 마시면 이가 변색되는 것을 줄여 주는 효과를 얻을 수 있습니다.

영국 일간지 『텔레그래프』는 국제 치위생 저널에 실린 연구에서 우유의 치아 변색 방지 효과가 확인됐다고 보도한 바 있는데요.

알버타 대학교 연구팀의 아바 초우 박사는 "차는 세계에서 두 번째로 많이 소비되는 음료이지만 이는 이의 색 변화에 영향을 주기도 한다"면서 "그러나 우리는 차에 우유를 첨가하는 것이 이 같은 영향을 줄이는 효과가 있는 것을 확인했다"고 설명했습니다.

초우 박사와 학생들은 우선 신체에서 분리된 실제 사람의 치아에 아무런 조치도 취하지 않은 상태에서 색을 관찰했습니다. 이후 우유를 섞지 않은 37℃의 차와, 우유를 첨가한 동일 온도의 차에 치아를 24시간 동안 넣어 둔 이후 다시 색을 관찰했는데요.

그 결과 본래 타닌 성분의 영향으로 색이 변해야 할 치아가 우유의 역할 덕분에 비교적 본래의 색을 유지하는 것으로 나타났습니다. 우유에 포함된 주 단백질 카세인이 타닌 성분을 붙잡아 변색을 방지했기 때문으로 추정했는데요.

연구진은 "이번 연구를 통해 차에 우유를 첨가하는 효과는 치아 미백 제품들에 견줄 만하다는 것이 확인됐으며 미백 치약에 비해서는 효과가 더 좋은 것으로 나타났다"고 말했습니다.

닥터 현 Dr. Hyun의 어드바이스

아이가 사용하는 치약의 종류나 묻히는 양을 살펴보신 적이 있으신가요? 어린이 치약이 떨어지면 성인 치약을 조금 묻혀 사용하는 경우가 있지만 매일같이 그렇게 사용하면 아이들의 치아를 상하게 할 수도 있습니다.

어른 치약은 치아 사이에 낀 플라크 제거가 주 목적이라 연마제 함유량이 높은데 이것이 아이들의 여린 치아를 상하게 할 수 있습니다. 또한 성인들은 치약의 종류에 큰 상관이 없다고 생각하기 쉽지만 의치나 잇몸 병이 있다면 얘기는 달라집니다.

플라크를 제거하는 연마제가 의치의 변색을 유발하고 닳게 해 의치의 수명이 줄어들 수 있기 때문입니다.

한편 인터넷을 찾아보면 셀프 미백이라면서 소개하는 다양한 방법들이 존재합니다. 하지만 실제로는 커다란 효과를 기대하기 어려운데요.

일단 변색된 치아를 원래의 색으로 돌려놓는 데는 많은 시간이 필요할뿐더러 한계가 있기 때문에 어릴 때부터 예방에 힘쓰는 것이 매우 중요합니다.

또한 식당 등에서 김치찌개나 카레, 홍차와 라면같이 치아 변색 위험이 높은 음식을 판매할 경우 양치질에 힘쓰라는 문구를 삽입하는 것도 좋은 팁이 될 수 있습니다.

치과의 과잉 진료
막으려면?

세현 씨는 이가 아프고 흔들려 발치를 위해 치과를 찾았는데 엑스레이를 한 장 찍더니 6개의 이가 충치 진행이 심한 상태라며 임플란트를 권유받았습니다. 원래는 개당 185만 원인데 6개를 함께 치료받을 경우 개당 130만 원의 파격적인 가격으로 치료해 주겠다는 것이었습니다. 게다가 선납금을 낼 경우 추가 할인도 해 주겠다고 했는데 도통 정신도 없고 코디네이터의 설명에 믿음이 가지 않았습니다. 그도 그럴 것이 치과에 몇 년 만에 온 것도 아니고 불과 1년도 안 되었는데 갑자기 6개의 충치 얘기를 하니 황당했던 것입니다. 이에 일단은 흔들리는 치아만 빼 달라고 얘기하고 다니던 치과를 찾은 세현 씨. 6개의 충치는 모두가 충치라기보다 일부에서는 담배를 많이 피워서 까맣게 착색이 된 것이니 양치질을 잘하고 나머지는 충치 치료를 받으라는 얘기를 들었습니다.

많은 사람들이 치과의 과잉 진료를 피하는 방법을 궁금해합니다. 대부분 세현 씨처럼 임플란트 시술에 대한 피해가 많은데 이 말은 동시에 나쁜 치과를 구별하고 좋은 치과를 찾는 방법과도 이어질 것입니다.

혹자는 두 군데 이상 병원을 찾아가라고도 하고 일부는 진단은 대학 병원에서 시술은 동네 병원에서 하라는 조언도 합니다.

하지만 여러 병원을 찾는 것이 정답을 보장하는 것도 아니며 대학 병원 의료진이 개원 가에서 수십 년 이상 진료해 온 원장보다 무조건 낫다고 볼 수 없기 때문에 바람직하지 못합니다.

그런 점에서 일단은 주변에서 평판이 좋은 치과를 찾는 것이 하나의 방법이 될 수 있습니다. 치과는 다른 질환보다 추천으로 병원을 정하는 경향이 더 많은데 주변에서 내가 믿는 사람이 추천하는 경우 더욱 믿음을 갖고 진료를 받을 수 있기 때문입니다.

하지만 이 경우 좋다고 추천하는 이유가 가격 때문이라면 정말 합리적인 가격인지는 다시 한번 따져 봐야 합니다.

과잉 진료의 대표적인 특징이 단가는 낮추되 수량을 늘려 수익을 늘리는 것인데 저렴한 듯해 보이지만 실제로는 불필요한 치료는 치료대로 비용은 비용대로 지불하면서 이중으로 고생하는 경우도 많기 때문입니다.

그런 점에서 한 곳에서 오랫동안 진료해 온 치과와, 환자의 상태를 충분하게 설명해 주는 의사라면 일단은 크게 걱정하지는 않아도 될 것 같습니다. 30년 이상 한자리를 지켜왔다면 결코 작은 욕심으로 본인이 쌓아 온 평판을 잃을 정도의 행동을 하지는 않을 것이기 때문입니다.

BONUS 얼굴 없는 치과 의사, 조심하세요!

진료 상담을 하는데 치과 의사가 아닌 코디네이터하고만 이야기를 나눈다든지, 어떤 이유로든 치과 의사의 얼굴을 좀처럼 볼 수가 없다면 먼저 조심을 할 필요가 있습니다. 또 병원의 홈페이지에 치과 의사의 사진과 이력이 자세히 나와 있지 않다면 일단은 의심을 해 보는 것이 좋습니다.

치과 의사 가운데 간혹 이 병원 저 병원 보따리 장사꾼처럼 다니면서 시술을 해 주는 의사가 있습니다. 그런 사람들은 아무래도 경험이나 실력이 부족하고 시술을 한 이후에도 향후의 치료에 대해서는 책임을 지지 않는 경우가 많습니다.

그러므로 치과 의사가 환자와 직접 대면해서 상담을 하지도 않고 홈페이지에 의사의 사진과 이력을 밝히지 않는 병원이라면 다시 한번 생각해 보는 것이 좋을 것입니다.

또한 새로 오픈한 치과에는 가급적 가지 말라는 이야기들도 합니다. 물론 모두 다 그런 것은 아니겠지만 새로 도입한 고가의 장비 비용을 빨리 회수하기 위해서 불필요한 검사 등을 과하게 권유하기도 한다는 일부 의사들의 고백이 있었던 것도 사실입니다. 그러므로 어떤 치과에서 진료받을지는 여러 면에서 매우 신중하게 결정할 문제입니다.

닥터 현 Dr. Hyun의 어드바이스

　　충치 때문에 치료를 받으러 갔는데 이를 뽑고 나서 임플란트를 심으라고 하는 경우가 과잉 진료의 대표적인 경우입니다. 이러한 경우라면 급한 치료만 하고 다시 방문하겠다고 하는 것이 낫습니다.

　　더불어 임플란트를 식립할 때 충분히 합당한 설명 없이 인공뼈를 심으라고 권유하는 것 역시 대표적인 과잉 진료일 수 있습니다. 인공뼈를 심지 않아도 되는데 임플란트 비용은 저렴하게 낮춰서 받으면서 인공뼈 비용으로 수익 보전을 꾀하는 경우가 의외로 많기 때문입니다.

성인 치아 건강 정리
맞다? 아니다?

1 스케일링은 1년에 한 번 보험 적용이 돼서
저렴하게 치료받을 수 있다. 맞다? 아니다?

   맞다. 1년에 한 번씩 보험이 적용됩니다. 고위험군은 6개월에 한
   번, 보통의 경우 1년에 한 번 스케일링을 받는 것이 적당합니다.

2 스케일링이 1년에 한 번 보험 적용이 되는 것은 1년에 한 번이면 충분
하기 때문이다. 맞다? 아니다?

   세모다. 충분한 사람도 있고 그렇지 않은 경우도 있는데 평균적으
   로는 1년에 한 번이면 적당합니다.

3 워터 픽처럼 양치 후 물을 쏴서 세척하는 것은 매우 좋은 습관이다.
맞다? 아니다?

   맞다. 물 청소만 해도 50퍼센트 이상 효과가 있는데 하루에 한 번
   정도는 해 주는 것이 좋습니다.

4 양치질 이후에 가글 용액을 사용해 한 번 더 살균하는 것은 좋은 습관
이다. 맞다? 아니다?

   세모다. 하지만 알코올 성분이 들어 있는 경우 입 냄새를 유발할
   수 있어 주의가 필요합니다. 따라서 사용하려면 무알콜로 하고 양
   치질에 충실한 게 좋습니다.

5 양치질은 밥 먹고 나서 1시간 이후에 하는 것이 가장 좋다.
맞다? 아니다?

   아니다. 양치질은 음식 섭취 후 가급적 빨리 하는 게 좋습니다.

6 과일은 치아를 깨끗하게 씻어 주기 때문에 과일만 먹었다면 양치질을 안 해도 된다. 맞다? 아니다?

    아니다. 과일의 당분 때문에 빨리 칫솔질을 하는 것이 좋습니다.

7 치아 교정은 무조건 한 살이라도 어릴 때 하는 것이 좋다. 맞다? 아니다?

    아니다. 치아의 상태에 따라 각각 알맞은 때가 있습니다.

8 임플란트는 무조건 수입 제품이 좋다. 맞다? 아니다?

    아니다. 임플란트가 차지하는 비중보다 시술자가 차지하는 비중이 훨씬 큽니다.

9 자연치아 색을 띠는 보철물보다는 금니가 최고다. 맞다? 아니다?

    아니다. 금니가 좋다는 것은 열팽창 지수가 자기 치아와 비슷하기 때문인데요. 요새는 좋은 재료가 많습니다.

10 치실 사용이 어려운 사람들은 손쉽게 쓸 수 있는 1회용 치실이 도움이 된다. 맞다? 아니다?

    맞다. 치실을 사용하는 것이 치주 질환 예방과 치료에 큰 도움이 될 수 있습니다.

2

치주 질환 치료,
암도 예방합니다

어르신 치아 건강

암 예방,
치주 질환부터 치료하세요!

평소 잇몸 병을 달고 살던 영춘 씨는 건강 관리에 힘쓰라는 의사의 권고를 무시하고 50살이 넘을 때까지 줄기차게 술과 담배를 즐겼습니다. 게다가 잇몸 치료는 등한시했었는데 어느 날 직장에서 실시한 건강 검진에서 췌장암이 의심되니 정밀 검사를 받으라는 얘기를 들었습니다. 이후 영춘 씨는 정밀 검사 결과 췌장암을 확진받았는데 초기이긴 했지만 워낙 치료가 어려운 병이라 충격을 받았습니다. 그도 그럴 만한 것이 암에 대한 가족력이 없었기에 암은 걱정 안 했는데 암 중에서도 가장 무섭다는 췌장암에 걸렸다는 것이 도저히 믿기지 않았던 것입니다.

영춘 씨처럼 암에 대한 가족력이 없다고 해도 잇몸 병을 달고 산다면 암 발생률이 크게 증가할 수 있습니다. 따라서 암을 예방하기 위해서는 규칙적인 양치질과 함께 치주염을 조기에 치료하는 것이 가장 중요합니다. 양치질이 제대로 안 될 경우 치주염이 발생할 수 있는데 입안의 세균이 췌장암과 같은 무서운 질병을 일으킬 수도 있기 때문입니다.

일본 아이치 암 센터 전염병학 예방부의 마쓰오 게이타로 실장은 첫

솔질 횟수와 암의 상관관계를 발표했습니다. 칫솔질을 1일 1회 하는 사람을 기준으로, 1일 2회 이상 하는 사람은 두경부암, 식도암에 걸릴 위험이 20퍼센트 정도 낮았으며 하루에 한번도 칫솔질을 하지 않는 사람은 70퍼센트나 높았습니다. 이러한 결과는 다른 여러 나라에서도 비슷한 연구 결과로 도출되었습니다.

스웨덴 카롤린스카 연구소 치의학부 연구팀은 칫솔질을 소홀히 하면 조기 사망의 위험성이 80퍼센트나 높아질 수 있다고 발표해 학계의 주목을 받았습니다. 이 연구팀은 1985년 이래 스톡홀름에 거주하고 있는 성인 1,390명을 무작위로 선발해 24년 동안 추적 조사를 실시했습니다. 그 결과 지난 2009년까지 이들 중 58명이 사망했는데 이들 사망자의 사망 원인 중 35퍼센트가 암인 것으로 집계되었습니다.

주목할 것은 사망자들의 초기 치태(플라크) 지수는 0.84~0.93퍼센트로 치아와 잇몸 표면이 대부분 치태로 뒤덮여 있었다는 점입니다. 반면 생존자들의 치태 수치는 0.66~0.67퍼센트 정도로 부분적으로만 치태가 있었습니다. 충치 균이 암을 유발한다는 연구는 충치 균이 가진 가볍지 않은 위험성 때문입니다.

충치 균은 평소 입안에 살다가 치주 질환 등으로 입안에 상처가 생기면 혈관을 타고 들어가 전신에 염증을 불러일으키고 심장까지 흘러 들어갈 수 있는데 암은 염증에서 시작하는 경우가 많기 때문입니다. 결국 충치 때문에 생긴 염증이 온몸을 돌아다니며 건강을 위협한다는 것인데요. 칫솔질을 열심히 하는 것이 얼마나 중요한지를 새삼 깨닫게 됩니다.

BONUS **췌장암 예방, 진지발리스균 박멸에 힘써야**

　　미국 존스홉킨스 대학교 연구팀이 췌장암 환자 351명의 타액에서 DNA를 추출하고 비슷한 조건의 환자가 아닌 사람 371명의 DNA와 비교 분석을 실시했습니다. 그 결과, 진지발리스균이 있으면 췌장암에 걸릴 위험이 59퍼센트 더 높은 것으로 나타났습니다.

　또 다른 치주 질환 세균인 아그레가티박테르 액티노미세템코미탄스 역시 췌장암에 걸릴 위험을 최소 50퍼센트 이상 높이는 것으로 밝혀졌는데 이러한 결과를 뒷받침하는 원인으로 염증 반응이 가장 유력시되고 있습니다.

　잇몸 염증이 있는 사람은 피가 자주 나게 되는데 손상된 부위에 침착된 세균이 혈액을 타고 들어가게 되면 미생물에 의해 몸의 방어 작용으로 염증 반응이 일어나게 됩니다. 이런 염증 반응 물질이 혈액을 타고 전신을 돌다가 췌장에도 병인성으로 작용한다는 것인데요.

　우리 입안은 따뜻하고 습해 세균이 살기 좋은 환경을 갖고 있는데 여기에 음식물 찌꺼기까지 더해진다면 입속 세균은 폭발적으로 증가할 수 있어 평소 양치질을 철저히 하는 습관을 기르는 것이 매우 중요합니다.

닥터 현 Dr. Hyun의 어드바이스

칫솔질을 할 때 피가 나면 그 부위를 피해서 양치하는 분들이 있지만 오히려 멈추지 말고 더욱 신경 써서 닦아야 합니다. 이 경우 치아 표면만 문지르는 칫솔질 습관을 바꿔야 하는데 피가 더 나더라도 잇몸 속 세균 주머니인 치주 포켓을 효과적으로 닦아 내는 것이 매우 중요합니다. 또한 정기적인 스케일링과 치실 사용으로 매일 관리하는 것이 좋습니다.

치주 질환,
암 발생률도 높여요!

영래 씨는 이제 48살로 4형제 중 셋째인데 갑상선암에 걸렸습니다. 가족 중에 암 환자라고는 요관암을 조기에 치료한 엄마밖에 없었고 그마저 70이 넘어서 걸리셨는데 갑상선암은 뜻밖이었습니다. 영래 씨가 다른 형제들과 다른 점은 평소 잇몸 질환을 자주 앓았다는 점입니다. 잇몸 병이 암을 유발한다는 연구를 본 적이 있긴 했지만 남의 일처럼만 넘겼던 영래 씨. 그나마 갑상선암인 게 다행이라며 이제라도 잇몸 병 치료를 적극적으로 해야겠다고 결심했습니다.

영래 씨처럼 암을 진단받은 환자들이 하는 가장 많은 후회 중 하나가 치주염 치료를 소홀히 했었다는 점입니다. 잇몸 병이 암을 유발할 수 있다는 연구 결과를 뉴스로 접하긴 했지만 나와는 상관없이 느껴졌기 때문입니다.

잇몸 병에는 입안 세균으로 인해 잇몸 표면에 염증이 생기는 '치은염'과 염증이 치아 뼈 안쪽까지 파고드는 '치주염'이 있습니다. 치은염이 있으면 흔히 잇몸이 붓고 아프게 되고, 이게 치주염으로 발전하면 잇몸이 파이면서 치아가 흔들리고 빠지기까지 합니다.

치주 질환의 원인은 결국 세균인데 치아 사이사이에 낀 노란 치태와 치석들이 바로 그 주인공으로 입속에 살면서 다양한 염증 반응을 일으 킵니다.

더군다나 잇몸 염증은 혈관을 타고 우리 몸 어디에도 갈 수 있는데 이 염증 때문에 잇몸 병이 있는 사람들은 심근경색이나 뇌졸중 같은 혈 관 질환은 물론, 당뇨병이나 폐렴도 더 잘 걸리게 됩니다.

뿐만 아니라 최근에는 잇몸 병과 암과의 연관성까지 속속 밝혀지고 있습니다.

미국 하버드대에서 잇몸 병 환자 4만 8천여 명을 18년간 추적해 봤 더니, 전체 암 발생률이 14퍼센트나 증가하였다고 합니다. 특히 췌장암 과 신장암, 폐암에 걸릴 확률은 30~50퍼센트까지 높아졌는데 연구팀 은 치주 질환이 생겼을 때 형성되는 염증성 유도인자에 의해서 암이 발 생되고 또는 가속화된다고 설명했습니다.

BONUS 폐경 후 잇몸 병, 식도암 발병 위해 3배 높여

폐경기 이후 잇몸 병이 있는 여성은 암 발병률이 높은 것으로 나 타났습니다. 미국 뉴욕주립대학교 연구팀은 54~86세의 여성 6만 6천 여 명을 대상으로 잇몸 병이 있는지 조사한 후 10년 뒤 암 발생 여부를 점검한 결과 조사 기간인 10년 동안 7,200여 명이 암에 걸린 것으로 나 타났습니다.

"

잇몸 염증은 혈관을 타고 우리 몸 어디에도 갈 수 있는데
이 염증 때문에 잇몸 병이 있는 사람들은 심근경색이나 뇌졸중 같은
혈관 질환은 물론, 당뇨병이나 폐렴도 더 잘 걸리게 됩니다.

이중 주목할 점은 참가자들 중 치주 질환이 있는 사람들이 여러 암에 걸릴 위험이 14퍼센트나 증가하였다는 점인데요. 잇몸 병이 있는 여성들은 없는 여성들에 비해 식도암 발생 가능성이 3배나 높았으며 담낭, 담관, 폐암, 흑색종, 유방암 등 각종 암의 발생 확률도 높았습니다.

닥터 현 Dr. Hyun의 어드바이스

　　　이미 암 수술을 받았거나 치료받은 지 오래된 환자들은 암에 대해 무관심한 경우가 있지만 2차암 예방을 위해서도 잇몸 병 관리에 힘써야 합니다. 미국 통계에 따르면 암환자 중 2차암 발생 빈도는 약 10퍼센트 정도인데 금연과 금주만큼 중요한 것으로 잇몸 병의 예방과 치료가 꼽히기 때문입니다. 한편 암 환자들이 치료 후 정기검진에 소홀하다는 것도 커다란 문제입니다. 암을 한 번 겪은 사람에게 또 다른 암이 생길 위험은 4배 이상 높다는 보고가 있는 만큼 더욱더 조기 검진 및 예방과 치료에 힘써야 합니다.

치주 질환 있으면
췌장암 발병 위험이 2배나!

영한 씨는 환갑이 조금 넘었는데 혈당치가 500이 넘어 입원을 하고 원인을 찾는 검사를 받았습니다. 그러던 중 혈액 검사와 초음파 검사 결과 신장과 간에 이상한 게 보인다고 해서 CT 촬영을 했는데 정밀 검사 결과 췌장암을 진단받았습니다. 병원 측은 췌장암 2기 정도인데 다행히 수술을 할 수 있는 상태라고 행운이라고 설명했습니다. 그도 그럴 것이 췌장암 발견 환자 중에서 20퍼센트만이 수술을 할 수 있고 80퍼센트가 수술을 받고 싶어도 받을 수 없다는 설명이었습니다. 췌장암 수술로 확진을 받으면 수명은 6개월, 영한 씨는 도대체 무엇이 췌장암을 일으켰을까 생각하고 또 생각해도 앞이 캄캄할 뿐이었습니다.

영한 씨처럼 췌장암을 확진받으면 많은 사람들이 절망을 하고 실의에 빠집니다. 애플의 스티브 잡스나 영화 "사랑과 영혼"의 패트릭 스웨이지 같은 유명인조차 크게 힘 한번 못 써 보고 사망케 한 무서운 질병이 바로 췌장암이라는 것을 잘 알고 있기 때문입니다. 그런데 췌장암을 유발하는 위험한 요인 중 하나가 잇몸 질환이라는 사실은 모르는 경우가 많습니다.

　미국 암학회에서도 치아 상실과 치주 질환이 여러 종류의 암에 영향을 준다는 보고가 있었는데 현대의학에서 가장 어렵다고 꼽히는 췌장암에 대한 연구여서 더욱 주목을 받았습니다.

　2012년 10월, 브라운 대학 연구팀은 소화기학회저널인 『거트』를 통해 입안에 존재하는 세균이 췌장암 발병 위험을 높인다는 연구 결과를 발표해 구강 건강과 전신 건강에 관한 유의미한 자료를 보고했습니다.

　연구팀은 800명의 성인을 대상으로 조사했는데 치주 질환과 구취를 유발하는 대표적인 감염성 치주병균인 포르피로모나스 진지발리스균에 대한 항체 비율이 정상치보다 높은 사람은 췌장암이 발병할 위험이 일반인에 비해 2배 가량 높은 것으로 나타났습니다.

　항체는 해당 균에 감염되었을 때 생기는 것입니다. 반면 인체에 무해한 구강 세균의 항체 비율이 감염성 포르피로모나스 진지발리스균 같은 치주병균의 항체 비율보다 높으면 췌장암이 발병할 위험이 45퍼센트 낮은 것으로 나타났습니다.

　이에 대해 충치균과 치주병균 등의 생태를 연구하는 쓰루미 대학의 하나다 교수는 "음식에 포함되어 있는 초산이 입안의 세균에 의해 발암 물질인 니크로소아민으로 변화되기 때문"일 것이라고 추정하며 "최소한 칫솔질이 입안에 있는 다수의 세균을 감소시키는 것만은 확실한 만큼 암을 예방하기 위해서라도 양치질을 더욱 열심히 해야 한다"고 강조했습니다.

	Yes	No
1) 이를 닦을 때 잇몸에서 피가 나온다?	10점	0점
2) 이 사이에 음식물이 자주 낀다?	6점	0점
3) 치아에 치석이 있는 것 같다?	10점	0점
4) 나쁜 입 냄새가 난다?	8점	0점
5) 잇몸에 가끔 통증을 느낀다?	8점	0점
6) 이가 시린 적이 있다?	7점	0점
7) 이가 조금씩 흔들리는 곳이 있다?	10점	0점
8) 잇몸이 자주 붓는다?	10점	0점
9) 부모님 중에 틀니 하신 분이 있다?	8점	0점
10) 피곤하면 이가 들뜬다?	8점	0점
11) 당뇨병으로 치료 중이거나 치료한 적이 있다?	10점	0점
12) 현재 담배를 피우고 있다?	5점	0점
합계		

위 12가지의 물음에 대한 합산 값의 범주에 따른 진단 결과는 다음과
같습니다.

0~25점 : 비교적 건강한 편!

하지만 정기적인 치과 검진과 치석 제거(스케일링)를 해 주세요. 잇
몸 병의 예방과 효과적인 치료는 전신 질환 예방 및 개선에 중요
합니다. 잇몸 병을 예방하기 위해서는 치태(플라크)와 치석을 제거
하는 구강 위생 관리가 중요하며 올바른 방법으로 칫솔질을 시행
하는 것이 첫 번째입니다. 또한 치간 칫솔, 치실, 구강 청결 용액(잇
몸 질환 전용) 등의 사용도 도움이 됩니다.

26~50점 : 적극적인 관리가 필요한 상태!

치태 및 치석 제거가 필요합니다. 보다 자세한 잇몸 상태 확인을
위한 치과 방문을 권해 드립니다. 이와 함께 치간 칫솔, 치실, 구강
청결 용액(잇몸 질환 전용) 등의 사용을 생활화하시고, 잇몸 약 복용
도 도움이 됩니다.

51~75점 : 적극적인 치료가 필요한 상태!

더 이상 나빠지기 전에 치주 병 전문 치과를 방문해서 치료를 받
으셔야 됩니다. 치주 병은 잇몸 부분에 염증이 있는 것으로 보이
지만 실제로는 치아를 지지하고 있는 잇몸 뼈(치조골)가 녹아 내려

조기에 치아를 상실할 위험이 있습니다. 따라서 보다 신속한 치료가 필요합니다. 치주 병은 참아서 나아지는 질병이 아니며, 반드시 조기에 치료하는 것이 중요합니다.

76~100점 : 중증 치주 병 중인 상태!

반드시 빠른 시일 내에 치주병 전문 치과를 방문하시어 적극적인 치료를 해야 합니다. 잇몸 병이 있는 분들은 심혈관 질환, 당뇨병 및 합병증, 암 및 종양 등 전신 질환이 빈번하게 발생하기도 합니다.
치과 치료와 함께 치간 칫솔, 치실, 구강 청결 용액(잇몸 질환 전용) 등의 사용을 반드시 생활화하셔야 합니다.

닥터 현 Dr. Hyun의 어드바이스

    많은 사람들이 건강 증진을 위해서 오랫동안 노력해야 하는 운동은 피하고 먹는 약으로 해결하려는 성향이 있습니다. 잇몸 병도 예외는 아니어서 양치질과 치실 사용 대신 보조식품을 먹으면서 안심하려는 경우가 종종 있습니다. 하지만 잇몸 보조식품은 효과가 있다 없다를 놓고 의견이 분분한데 대체적으로 효과가 없다는 것으로 판명되고 있습니다. 건강 보조식품에 의존하지 말고 올바른 양치질과 정기 검진에 힘쓰는 것이 가장 중요합니다.

치주 질환 있으면
치매도 악화돼요!

순철 씨는 내년이면 칠순을 바라보는데 최근 들어 건망증이
심해지는 것을 느꼈습니다. 냉장고에서 핸드폰을 꺼내는가
하면 가스레인지를 켜 둔 채 주전자를 태우기까지 했는데요.
아들에게 얘기하니 치매 검사를 받자고 했고 진단 결과 치매
가 이미 많이 진행되었다는 얘기를 들었습니다. 자식들에게
부담 주기 싫어 치매와 뇌졸중만은 걸리지 않기를 바랐던 순
철 씨는 떠오르지 않는 기억을 붙잡기 위해 고개를 갸웃거렸
지만 피곤함이 밀려와 씁쓸한 마음을 안고 잠이 들었습니다.

순철 씨처럼 치매는 모든 어르신들이 가장 두려워하는 질병인데 잇몸
질환과 밀접한 관련이 있어 주의가 필요합니다.

　최근 발표된 치아 관련 연구 자료들을 살펴보면, 치주 질환이 심할수
록 뇌졸중 발생이 높아지고 더 심할 경우 치매까지 발병될 수 있다는
사실을 보고하고 있습니다.

　이 가운데 과학저널 『플로스 원(PLOS ONE)』에 치주 질환이 알츠하
이머를 악화시킨다는 연구 결과가 발표돼 주목을 받았습니다.

　연구진은 중증도 알츠하이머를 갖고 있는 환자들을 대상으로 치주

질환 여부를 검사한 뒤 치주 질환이 있는 환자와 그렇지 않은 환자를 분류하고, 그들의 인지 능력을 각각 테스트했습니다.

6개월 뒤 다시 그들의 인지 능력을 테스트해서 비교 실험한 결과 치주 질환이 있는 알츠하이머 환자들의 인지 능력이 그렇지 않은 환자들보다 6배 가량 빠르게 퇴화된 것으로 나타났습니다.

또한 이들의 혈액 검사를 통해 염증성 사이토카인을 검사한 결과 치주 질환이 있는 알츠하이머 환자들에게서 염증성 싸이토카인이 높게 나타났습니다.

이 같은 연구 결과는 진지발리스라는 세균이 잇몸에서 염증성 사이토카인을 증가시켜 뇌에 악영향을 끼칠 뿐 아니라 알츠하이머 발병을 악화시킨다는 것을 증명한 것이라 할 수 있습니다.

따라서 어르신들이 가장 무서워하는 뇌졸중과 치매를 막기 위해서라도 치주 병 예방에 힘을 기울이는 것이 매우 중요합니다.

BONUS 노인 건강의 시작은 구강 건강에서

일본 이즈미노사와 요양 보호 시설에서 입소 노인의 구강 위생에 신경을 쓴 이후부터 폐렴이나 순환기 계통의 질환이 현저히 줄었고, 전반적으로 노인들의 신체 건강이 향상됐다는 보고가 있습니다. 또한 핀란드의 한 연구에 따르면 잇몸 병이 치매 위험도를 12배 높이는 것으로 나타났고 영국 센트럴랭커셔 대학 연구팀에서는 치매 질환으로 사

망한 사람의 뇌 조직에서 잇몸 병의 원인균이 비정상적으로 많이 발견
됐다고 보고했습니다.

닥터 현 Dr. Hyun의 어드바이스

　　앞서 소개한 많은 연구 결과처럼 해외에서는 구강 건강과 치매
와의 상관관계에 대한 연구가 활발히 진행되고 있는 데 반해 국내에서
는 체계적인 연구가 부족한 편인 것 같습니다. 하지만 노인의 남아 있
는 치아 개수와 잇몸 병은 치매와 밀접한 관련이 있다는 사실이 입증된
만큼 특히 노인들의 잇몸 건강에 각별한 관심이 필요합니다.

요양원 치과 진료,
중요합니다!

상범 씨는 주변 사람들의 염려와 달리 요양원에 들어간 이후 건강이 조금 좋아지는 것을 느꼈습니다. 평상시 혼자 지낼 때는 양치질조차 하는 둥 마는 둥 했는데 요양보호사가 양치질을 도와주면서 입안이 개운하고 밥맛도 좋았습니다. 특히나 요양원에서는 정기적으로 치과 치료도 해 주었는데 이후부터 감기에 잘 안 걸리는 것 같아 기분이 좋았습니다.

상범 씨가 머무르는 요양원처럼 치과 치료에 힘쓰는 장기 요양 시설이 늘고 있습니다. 기존에 의사와 한의사로 한정된 촉탁의 자격에 치과 의사를 추가하기로 결정한 이후 실제적인 효과들이 나타나면서 적극적으로 임하는 병원들이 늘어난 것인데요.

실제로 치주 질환과 전신 질환의 관련성이 계속해서 입증되는 점을 감안하면 다소 늦은 감이 있지만 적절한 조치로 보입니다.

BONUS 요양 시설 어르신, 혼자서는 힘들어요!

나이가 들면 아이가 된다는 말이 있듯이 혼자가 힘들어 요양원에 입원해 계신 어르신들은 양치질도 도와주어야 합니다. 굳이 치매나 뇌졸중이 아니더라도 혼자서는 구석구석 깨끗하게 닦기가 어렵기 때문인데요. 본인이 충분히 할 수 있다고 하면 올바른 잇몸 마사지 방법을 가르쳐 드리고 덜 닦이는 부위가 있으면 함께 양치질하는 식으로 도와주면 잇몸 건강뿐 아니라 전신 건강에도 큰 도움이 될 수 있습니다.

닥터 현 Dr. Hyun의 어드바이스

어르신들 대부분은 치아가 몇 개 없기 때문에 음식 먹는 즐거움이 적습니다. 고기를 뜯어먹는 것은 생각도 못 하고 물 말아 먹듯이 드시는 분들도 많은데요. 치과 치료가 치아 건강뿐 아니라 전신 건강에 미치는 영향이 지대한 만큼 모쪼록 형식적인 선에 머무르지 않고 실질적인 효과를 거둘 수 있도록 체계적인 관리와 지원이 필요해 보이는데요. 만성질환자뿐 아니라 장애인 등 의료 소외 계층에 대한 좀 더 많은 관심과 지원을 기대해 봅니다.

틀니 끼고 자면
안 돼요!

봉준 씨는 평소 틀니를 착용하는데 가끔씩 깜빡하고 틀니를 낀 채 잠이 들곤 했습니다. 불편하긴 했지만 크게 아프지는 않았습니다. 그런데 얼마 전 폐렴에 걸려서 큰 고생을 했습니다. 특별히 찬바람을 많이 쐰 것도 아닌데 폐렴에 걸려 의아해하던 봉준 씨, 틀니를 끼고 자는 것이 영향을 주었다는 설명에 깜짝 놀랐습니다.

봉준 씨처럼 우리나라에서 틀니를 사용하는 인구는 약 400만 명에 이를 것으로 추정되는데, 관리를 소홀히 하면 폐렴도 유발할 수 있습니다.

일본 니혼대 연구진이 폐렴으로 입원하거나 사망한 85세 이상 노인 524명을 분석했더니, 틀니를 끼고 잠자는 쪽의 폐렴 위험률이 최대 2.3배 높았는데요. 이는 흡연이 폐렴에 미치는 영향과 맞먹는 수준입니다.

또한 틀니는 관리에 따라 '세균 서식지'가 되기도 하는데요. 대표적인 오해가 세정 방법입니다. 대한구강보건협회가 지난해 틀니 사용자 500명을 대상으로 세정 방법을 물었더니 치약(44.2퍼센트)이 1순위, 물

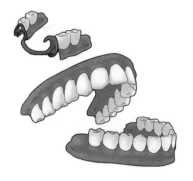

"
틀니는 틀니 전용 세정제로
관리하는 게 가장 좋습니다.

에 헹굼(24.8퍼센트)이 2순위를 차지했는데요.

치약에는 연마제가 있는데 레진이라고 하는 틀니의 플라스틱 부분에 닿으면 보이지 않게 상처를 내 세균과 곰팡이가 자랄 수 있습니다. 또한 물에 헹구는 것도 부족한데요.

소독을 위해 뜨거운 물에 담그거나 표백제를 사용하면 변색이나 영구 변형이 일어날 수 있습니다. 결국 틀니 전용 세정제를 사용하는 게 가장 좋은 방법이라고 합니다.

BONUS 틀니 사용하는 어르신, 보관에도 주의하세요!

많은 사람들이 잠잘 때 틀니를 머리맡에 두곤 하지만 올바른 보관법이 아닙니다. 틀니를 실온에 두면 변형될 수 있는데 깨끗이 세정한 뒤 미지근한 물에 담그는 게 좋습니다. 또한 6개월에 한 번은 치과를 찾아 구강과 틀니 상태를 점검해야 부작용을 최소화할 수 있습니다.

닥터 현 Dr. Hyun의 어드바이스

　　일부에서 틀니를 한 부모님을 모시고 식당에 갈 때 저작 기능이 좋지 못하다는 사실을 고려하지 못하고 아이들 입맛 위주로 가는 경우가 있습니다. 갈비를 뜯는다든지 삼겹살을 굽는다든지 하는 것이 대표적일 텐데요. 틀니가 있는 어르신들은 저작 기능뿐 아니라 속이 좋지 않은 경우가 많으므로 부드러운 음식 위주로 천천히 드실 수 있도록 배려해 드리는 것이 매우 중요합니다.

임플란트하면
밥맛이 돌아옵니다!

영준 씨는 비용 때문에 걱정하다가 정부 보조를 받는 김에 양쪽 어금니에 임플란트를 심었습니다. 하지만 평소 워낙 안 좋았던 잇몸이었던지라 수술이 필요했는데요. 생각보다 아프고 오래 걸려 눈물이 찔끔 날 뻔했습니다. 그런데 며칠은 좀 불편한 것 같더니 2주 정도 지나자 저작 기능이 살아나는 것을 느꼈습니다. 어금니로 음식을 씹을 때 마치 과거에 그랬던 것처럼 씹는 맛이 느껴진 것인데요. 영준 씨는 오랜만에 느껴 본 씹는 맛에 웃음이 가시지 않았습니다.

영준 씨처럼 대부분의 어르신들이 임플란트를 심을 때 처음에는 걱정을 많이 하지만 2주 정도 지나고부터는 확실히 좋다는 것을 실감한다고 얘기하곤 합니다.

실제로 현재까지 나와 있는 치과 보철물 중 임플란트의 성능은 타의 추종을 불허하는데요. 임플란트 시술 후 보철까지 끝내면 어금니 기능이 90퍼센트 이상 회복됩니다.

연세치의대 연구팀에 따르면 환자들은 실제 생당근이나 땅콩과 같은 딱딱한 식품군을 씹는 능력도 임플란트 시술 후 보름 만에 평균

10.8퍼센트나 개선된 것으로 조사됐는데요.

일반적으로 임플란트 상부 보철 시술 후 2주가 지나면 환자들이 수술 직후 느끼던 불편감이 사라지면서 음식을 씹을 때 임플란트 시술 자체를 거의 의식하지 않고 씹을 수 있게 됩니다.

BONUS **임플란트 수술 후 꼭 주의해야 할 점**

1. 반드시 금연할 것
2. 코를 세게 풀지 말 것(임플란트 상악동 수술을 했을 때)
3. 코를 킁킁대거나 침을 뱉지 말 것
4. 빨대를 사용하지 말 것(수술 직후 2~3일간)
5. 뜨거운 물로 목욕이나 사우나를 하지 말 것
6. 청결을 유지할 것(시술 부위는 하루 5~6회 물 양치, 나머지 부분은 일반 양치)

닥터 현 Dr. Hyun의 어드바이스

임플란트 시술 후 확실히 자리가 잡히는 시기까지는 결코 담배를 피워서는 안 됩니다. 담배를 빨아들일 때 가해지는 압력이 임플란트의 성공 여부에 영향을 주는데 각종 발암 물질이 염증마저 악화시킬 수 있습니다. 특히나 임플란트 시술 후 실패하는 대부분의 경우가 담배와 연결되어 있는 만큼 임플란트를 심기로 결심했다면 적어도 두 달간은 꼭 금연해야 합니다.

니코틴은 혈관을 축소시켜서 혈액의 순기능을 막습니다. 그러므로 수술하기 전 최소 3주 동안 금연을 하고 나서 수술을 해야 합니다. 그리고 수술을 하고 난 뒤 3주 동안에도 원활한 회복을 위해서 금연이 꼭 필요합니다.

임플란트 보험 적용,
나는 언제 할까?

올해 칠순을 넘긴 병준 씨는 정부 보조를 받아 임플란트를 심을까 고민하지만 평생 한번뿐이라는 생각에 언제 시술받을지 고민하고 있습니다. 의료 기술이라는 게 시간이 지날수록 더욱 좋은 것이 나오기 마련인데 당장 크게 불편하지 않은데 굳이 지금 할 필요가 있을까 하는 생각 때문입니다. 또한 일단 시술을 받기로 하면 병원에 들락날락거리면서 번거로울 텐데 귀찮지는 않을까 신경도 쓰였습니다.

노년층을 대상으로 임플란트에 건강보험이 적용되고 있지만 개수에 제한이 있어 언제 시술받을지 고민하는 어르신들이 많습니다.

하지만 임플란트의 식립 시기는 환자가 임의로 생각해서는 안 되고 치과 의사에게 직접 물어보는 것이 좋습니다. 무조건 천천히 하려고만 하다가 잇몸 뼈 등이 손상된 이후가 되면 시술도 어렵고 수명도 짧아질 수 있기 때문입니다.

한편 임플란트를 2개만 심는다면 윗니보다는 아랫니에 심는 것이 도움이 됩니다.

가령 위에 어금니 두 개가 없고 동시에 아래 어금니 두 개가 없을 경우는 위턱뼈보다 아래턱뼈가 훨씬 단단하기 때문에 아래 임플란트를 두 개 심는 것이 치료 기간도 더욱 단축시키고 더욱 단단하게 사용할 수 있습니다.

따라서 위의 어금니는 보험으로 틀니를 하시고 아래 어금니는 보험 임플란트를 하시는 것이 훨씬 유리하다고 볼 수 있습니다.

BONUS 정부 보조 임플란트를 고민할 때 살펴봐야 할 것들

많은 사람들이 아무 때나 임플란트를 심을 수 있을 것으로 생각하지만 그렇지 않습니다. 고혈압이나 간 질환이 있는 경우 지혈이 안 될 수 있고 당뇨 때문에 치유가 늦어질 수 있어 임플란트 시술 전 건강 상태를 잘 살펴야 합니다.

풍치나 치주염이 있는 경우에는 임플란트의 수명을 떨어뜨리는데 시술 전 잇몸 치료가 선행되어야 합니다. 또한 잇몸 뼈가 약한 상태에서 시술할 경우 표면이 노출되어 예후가 좋지 않을 수 있습니다.

실제로 임플란트는 잇몸 뼈가 좋아야 좋은 결과의 시술이 될 수 있습니다. 그런데 대부분의 노인의 경우에서, 또 이가 빠진 지가 오래된 경우에는 뼈가 약하거나 얇아지는 경우가 있습니다. 그런 경우에는 임플란트를 심을 수는 있지만 이때에는 뼈 이식을 수반해서 임플란트 수명을 연장시키는 방법으로 진행하시는 것이 좋습니다.

임플란트 시술은 무리해서 진행할 경우 수술 효과가 좋지 않기에 신중할 필요가 있습니다. 또한 급한 성격에 빨리 빨리 시술할 것을 원하는 경우가 있는데 무리하게 진행할 경우 안전성은 떨어지고 부작용 위험은 커질 수밖에 없습니다. 특히 체력이 약한 노인들의 임플란트 치료는 수술 효과를 고려해 몸 컨디션이 좋을 때 안전하고 꼼꼼한 시술을 받는 것이 좋습니다.

어금니 있으면
치매도 안 와요!

석희 씨는 여든이 넘은 나이에도 불구하고 정정한 체력으로
주위의 부러움을 사고 있습니다. 난청이 있어 보청기를 사
용하는 것 외에는 비교적 건강한데 특히나 남아 있는 치아
가 열개가 넘고 그중에서도 어금니는 한 개 빼고는 건강했습
니다. 의사들은 석희 씨의 건강 비결로 어금니가 건강한 것
을 꼽았는데 실제로 어금니가 튼튼한 노인치고 건강하지 않
은 사람이 별로 없습니다.

치매 예방을 위해서는 치아가 튼튼해야 한다는 것을 잘 알고 있지만
그중에서도 어금니의 중요성은 두말할 필요도 없습니다.

어금니는 저작 기능에서도 가장 중요한 역할을 하지만 기억력 감퇴
와도 직접적인 연관이 있기 때문인데요. 실제로 치아가 없는 실험용 쥐
는 기억력이 떨어지는 등 알츠하이머병 증상이 심해진다는 실험 결과
도 있습니다.

일본 히로시마대학, 나고야시립대학, 오후대학 공동연구팀은 "사람
역시 치매 환자의 치아 손실을 예방하면 증상의 진행을 늦출 수 있다"
고 『비헤이비어럴 브레인 리서치(*Behavioural Brain Research*)』에 발표했습

"
어금니는 저작 기능에서도 가장 중요한 역할을 하지만
기억력 감퇴와도 직접적인 연관이 있습니다.
실제로 실험용 쥐를 통한 실험 결과 치아가 없는 쥐가
기억력이 떨어지는 등 알츠하이머병 증상이
심해지기도 했습니다.

니다.

이번 실험에는 인공적으로 알츠하이머병을 유발시킨 특별한 실험용 쥐를 이용했다고 하는데요.

좌우의 어금니를 제거해 교합이 안 되도록 한 쥐(A군)와 어금니를 그대로 둔 쥐(B군)로 나누고 발치 후 4개월 후 학습, 기억 능력의 변화를 비교했던 것입니다. 그 결과, 교합을 유지시킨 B군의 쥐는 모두 능력에 변화가 없었습니다. 하지만 A군에서는 10마리 중 6마리에서 능력 저하를 보였는데요.

특히 능력이 떨어진 쥐는 뇌에서 기억을 담당하는 해마 부위의 신경세포 수가 적고 세포 크기도 작아졌습니다. 하지만 능력이 저하된 쥐와 그렇지 않은 쥐 간에 베타아밀로이드 단백질의 양에는 차이가 없었습니다.

BONUS 어금니 꽉 깨무는 습관, 턱관절 조심해야

긴장을 하거나 화가 날 때 어금니를 깨무는 습관을 가진 사람들이 있는데 이런 습관은 치아는 물론이고 턱관절에까지 해가 될 수 있습니다. 턱관절은 귀 뒤쪽에 있는 관절로 아래턱뼈와 머리뼈 사이에 디스크와 인대, 근육 등으로 이뤄져 있습니다. 그 가운데 디스크는 뼈와 뼈 사이의 쿠션 역할을 해 주는데, 이 디스크가 제 위치에서 벗어나, 입을 벌렸다 다물 때 뼈가 걸려 통증을 느끼게 되는 것입니다.

턱관절에 문제가 생기면 당장 아픈 것도 문제지만, 치아 교합이 잘 안 돼 얼굴형까지 변하는 경우가 많은데 스트레스가 주된 원인입니다. 계속된 스트레스가 턱 주변의 근육을 긴장시켜 턱에 무리를 주게 되고, 심하면 디스크가 이탈돼 두통이나 어깨 통증 등을 일으키는 것입니다. 딱딱한 음식은 피하는 것이 좋고, 음식을 한쪽으로 씹는다든지 잘못된 자세나 불규칙적인 생활도 턱관절에 무리를 줄 수 있다는 점을 기억해야 합니다.

닥터 현 Dr. Hyun의 어드바이스

어금니가 없어 다른 치아로 어금니의 기능을 사용하려 한다면 얘기치 않은 부작용이 생길 수 있습니다. 특히 어금니 대신 앞니로 음식을 먹을 경우 금세 얼굴형이 변하기 마련인데요. 어금니의 경우 심미적인 측면뿐 아니라 전신 건강에 지대한 영향을 미치기 때문에 발치 이후 빠른 시기에 임플란트를 심는 것이 도움이 될 수 있습니다.

치매 예방,
수시로 껌 씹으세요!

예진이 엄마는 최근 들어 기억력이 떨어지는 것을 종종 느꼈는데 검사해 보니 경도인지장애라고 하는 치매 초기에 해당했습니다. 다만 증상이 심하지 않기 때문에 두뇌를 개발하는 훈련 등을 권유받았는데요. 더불어 자일리톨 껌을 자주 씹으라는 얘기도 들었습니다. 평생 껌을 씹어 본 적이 없던 예진이 엄마, 약간 의아한 느낌이 들었지만 껌을 씹으면서 무언가 기분이 좋아지는 느낌을 받았습니다.

껌을 씹으면 건방져 보인다고 생각하는 사람도 있지만 실제로는 두뇌 발달에 큰 도움이 되는 것은 물론이고 치매 예방 효과도 있습니다. 껌은 우리에게 잠시 생각할 시간을 주고 딱딱하게 굳어 있던 머리를 풀어 주는 데 도움이 됩니다.

또한 씹는 행위를 반복하면서 뇌에 엄청난 자극을 주게 되는데 짜증이 나거나 집중력이 필요할 때 자신이 원하는 만큼 씹는 것이 효과적입니다.

실제로 패스트푸드나 인스턴트 식품 등의 부드러운 음식이 유통되며 식생활의 중심을 차지하게 되면서 옛날보다 씹는 횟수가 줄어들었습니다.

연구 결과에 의하면 나이에 상관없이 부드러운 음식만 계속 먹으면 해마에서 새로운 신경 세포가 만들어지기 어렵고 해마의 노화까지 진행된다는 것이 밝혀졌습니다.

따라서 현대인의 부족한 씹는 횟수를 껌으로 보충하면 그만큼 뇌도 활성화되어 치매에 덜 걸리게 됩니다.

"
껌을 씹으면 뇌가 활성화되어 치매에 덜 걸리게 되고
입속 세균을 죽일 수도 있습니다.

BONUS 껌 씹기의 7가지 효과

1) 스트레스 감소

2) 소화와 배변 활동에 도움

3) 치석 제거 및 충치 예방

4) 구강 건조증 예방

5) 치매 예방

6) 각성 효과 및 집중력 향상

7) 다이어트 효과

닥터 현 Dr. Hyun의 어드바이스

무설탕 껌을 10분간 씹는 것만으로도 입속 세균 1억 마리를 죽일 수 있다는 연구가 있습니다. 이는 입속에서 분비된 침이 껌과 섞이면서 박테리아가 달라붙어 죽기 때문이라고 하는데요. 이 밖에도 밝혀진 많은 효능이 있는 만큼 나이가 들수록 껌을 자주 씹는 것이 큰 도움이 될 수 있습니다.

임플란트 수술 전
끊어야 할 약은?

혜민 씨는 임플란트 수술을 받으려고 했지만 골다공증 약물을 복용하고 있다는 이유로 시술을 거부당했습니다. 두 달이상 골다공증 약을 끊어야 시술을 받을 수 있다는 설명인데 괜스레 치아 고치려다 뼈에 구멍이 생기는 것은 아닌지 걱정이 됐습니다. 이후 골다공증 전문의와 함께 약물 치료 시기를 조율해 임플란트 수술을 받은 혜민 씨. 평소 느끼지 못했던 저작 기능이 살아나면서 인생을 다시 사는 기분을 느꼈습니다.

임플란트 보험 적용 시행 이후 노인들의 시술이 크게 늘었지만 모든 노인에게 임플란트가 가능한 것은 아닙니다. 턱뼈가 너무 없으면 뼈 이식을 해야 하는데, 이 수술 자체가 힘든 경우가 있으며 잇몸 질환이 아주 심하면 임플란트를 해도 그 주위에 잇몸 질환이 또 발생할 수 있습니다.

이 경우 반드시 잇몸 치료를 먼저 하고, 안 좋은 치아는 발치한 뒤 깨끗한 상태로 임플란트를 해야 합니다.

고혈압·당뇨병 같은 만성질환이 있어도 관리만 잘되면 임플란트를 하는 데 문제가 없습니다. 다만 턱에 방사선 치료를 받거나 골다공증 약·주사를 쓸 때는 주의해야 합니다.

임플란트를 심었을 때 턱뼈 자체가 괴사될 수 있기 때문입니다. 피를 묽게 하는 아스피린·와파린 등 항응고제를 복용하는 환자도 반드시 내과 의사와 상의한 뒤 수술을 택해야 합니다. 또한 골다공증 약을 복용하는 환자도 약의 복용 기간에 따라 2달 전에는 약물 복용을 중단해야 하는 경우가 있습니다.

BONUS 임플란트 수술 전 고려사항 4가지

1) 본인의 구강 상태 정확하게 파악하기
2) 병력 또는 복용하고 있는 약물에 대해 상담하기
3) 금연과 금주
4) 구강 내 청결 지키기

닥터 현 Dr. Hyun의 어드바이스

골다공증의 경우 약물을 조절하면 대부분 수술이 가능하지만 한번은 당뇨가 너무 심한 환자가 술과 담배를 끊지 않아 수술을 못 한 경우가 있습니다. 특히 이 환자는 40대 초반에 불과했는데 젊은 환자가 다발성 충치가 있는데도 당뇨 관리를 제대로 하지 않고 매일 술과 담배를 입에 달고 살았습니다. 이렇게 관리하면 정말 목숨을 잃을 수도 있다고 말해 줬지만 그 환자분은 이후에 모습을 드러내지 않았는데요. 당뇨를 치료하지 않은 상태에서 다른 치과에서 무리하게 임플란트 시술을 받아 여러 모로 고생을 많이 했다고 들었습니다. 모쪼록 임플란트 시술을 고민한다면 수술 전후 금연과 금주는 꼭 지켜 주시길 바랍니다.

임플란트 틀니, 추천합니다!

학수 씨는 어릴 적 아버지가 틀니를 사용하면서 너무 힘들어했던 것을 기억하는 터라 틀니만은 피하고 싶었습니다. 하지만 나이가 들수록 아버지처럼 치아가 우수수 빠지기 시작했는데 임플란트로 전부 심자니 비용이 부담스럽고 틀니를 하자니 두려웠습니다. 결국 의사와의 상담 끝에 선택한 것은 임플란트 틀니, 어금니를 임플란트로 채우는 것이었는데 나름대로 괜찮은 선택이었다고 만족했습니다.

많은 어르신들이 경제적인 이유로 틀니를 하고 있지만 그 불편함은 말로 표현하기 어려운 정도입니다. 통계에 따르면 우리 국민 중 400만 명 가량이 틀니를 사용한다고 하는데요. 사실 틀니의 경우 저작 기능이 너무 떨어지기 때문에 점점 꺼리는 추세입니다.

하지만 여전히 경제적인 부담 때문에 어쩔 수 없이 틀니를 선택하는 경우가 많은데 학수 씨처럼 어금니만 임플란트를 심고 나머지는 틀니로 맞추는 임플란트 틀니가 좋은 대안이 될 수 있습니다.

사실 틀니는 불규칙적 탈락과 이물감, 통증 등으로 생활에 불편함을 초래하고 음식을 씹을 때 저작력 부족으로 인해 식사 시 불편함과 소화 불량을 유발할 수 있습니다. 또한 틀니를 장기간 착용할 경우 잇몸 뼈가 손상되고 잇몸 통증을 유발하는 등 많은 단점이 있는데요.

이 경우 일부 치아만 임플란트로 식립하고 나머지는 틀니로 하는 임플란트 틀니가 대안이 될 수 있습니다. 요즘에는 건강보험 적용으로 임플란트 2개까지 정부의 지원을 받을 수 있다는 점을 고려하면 비용 면에서의 부담도 많이 줄어들었습니다. 또한 틀니의 경우 저작 기능이 40퍼센트 이하에 불과하지만 임플란트 틀니의 경우 70퍼센트 정도까지 올라올 수 있다는 것도 커다란 매력입니다.

닥터 현 Dr. Hyun의 어드바이스

얼마 전에 일본 『요미우리』 신문에서 100세 이상 노인들에게 현재 가장 큰 즐거움이 무엇인지 물었더니 4위가 친구들과의 대화, 3위는 푹 자는 것, 2위는 가족들과의 대화, 1위는 맛있는 요리를 먹는 것이었습니다.

하지만 실제로 이러한 노인들 중에 절반은 치아가 없었고 나머지 절반은 틀니를 끼고 있어서 더욱 안타까웠다고 하는데 건강한 치아가 얼마나 중요한지 느끼게 해 줍니다.

모쪼록 좀 더 많은 어르신들이 틀니에서 벗어나 씹는 즐거움을 찾으셨으면 좋겠습니다.

어떤 임플란트가
좋은 걸까요?

춘환 씨는 임플란트 수술을 결정하고 치과에 와서는 대뜸 "OO 임플란트로 해 주세요!"라고 주문했습니다. 환자가 직접 임플란트 이름을 말하는 경우가 드물어 이유를 물었더니 광고하는 탤런트를 좋아하기 때문이라고 말했습니다. 춘환 씨가 선택한 임플란트는 광고를 많이 할 뿐 특별히 장점이 많지 않았지만 춘환 씨에게는 의미가 컸습니다. 결국 본인이 원하는 임플란트를 심어 주고 잘 관리하라고 당부했는데 씁쓸한 마음이 가시지 않았습니다.

많은 사람들이 임플란트라고 하면 두세 가지의 임플란트 제품을 떠올리곤 하는데요. 사실 전 세계에서 임플란트 광고를 TV로 내보내는 곳은 우리나라가 유일합니다. 그만큼 비상식적인 것인데요.

사실 임플란트의 종류는 수천 가지가 넘습니다. 그런데 중요한 것은 임플란트의 종류가 무엇이냐는 크게 중요하지 않다는 것입니다. 수천 가지 이상의 임플란트들이 실제 차이는 5퍼센트 미만에 불과하다고 알려져 있고 그것도 제품 자체의 차이라기보다는 '불량품 빈도가 낮음' 같은 기능 외적인 측면이 포함되어 있습니다.

또한 광고를 많이 하는 제품은 실제로 치과에 들어갈 때 공급가가 비싸기 마련인데 귀에 익은 임플란트 제품이 좋을 것이라는 헛된 믿음보다는 경험 많은 숙련가에게 시술을 받는 것이 중요하다는 사실을 명심 또 명심해야겠습니다.

BONUS 임플란트의 성능, 시술자의 숙련도가 좌우

보건복지부의 통계에 의하면 10명 중 2명이 임플란트 후 재수술을 받고 있는 것으로 나타났습니다. 수술 시 부작용도 있지만 사후 관리 부족으로 인한 부작용도 무시할 수 없다고 하는데요. 수술 후 환자가 제대로 관리를 하지 않아 임플란트 주위염 등의 염증 질환이 발생하는 경우도 많다는 분석입니다.

그런데 또 하나 중요한 것은 임플란트 후 재수술 비율이 높은 병원은 대부분 최저가를 광고했던 병원들이 많다는 것입니다. 아무래도 저렴한 단가를 맞추기 위해 무리수를 둘 수밖에 없던 것일 텐데요. 저렴한 가격을 찾기보다 합리적인 가격으로 숙련된 치과 의사에게 시술받는 것이 더욱 중요합니다.

임플란트 시술 후 10명 중 2명이 재수술을 받는 형편이지만 재수술을 하려면 더욱 숙련도 높은 치과 의사를 만나야 합니다. 한번 실패한 임플란트는 처음보다 환경이 더욱 나빠졌기 때문에 또다시 실패할 확률이 그만큼 높기 때문인데요. 자기네 병원에서 심었던 임플란트가 아니면 치료해 주지 않는 병원이 있는 이유도 이처럼 난이도가 높기 때문입니다. 때문에 한번 실패한 병원에서 무료로 해 준다고 해서 재수술을 무조건 선택할 것이 아니라 의사의 숙련도가 2차 수술을 감당할 만큼 충분한지 꼼꼼히 따져 보는 것이 좋습니다.

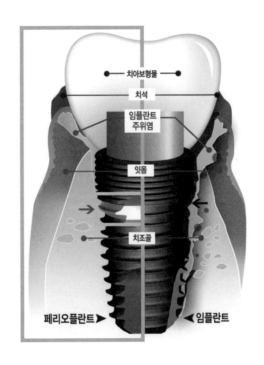

치아보형물

치석

임플란트
주위염

잇몸

치조골

페리오플란트 ▶   ◀ 임플란트

"
일반 임플란트에 비해
임플란트 주위염 발생 위험이 현저히 낮은
페리오플란트

기름기 좔좔 떡,
이에 안 좋아요!

보경이 할머니는 밥 대신 떡을 먹곤 하는데 나름 건강 식단
이라고 자주 강조하셨습니다. 특히나 들기름을 잔뜩 발라 기
름기가 좔좔 흐르는 떡들을 즐겨 드셨는데 조금만 먹어도 배
가 든든하다는 게 주된 이유였습니다. 하지만 보경이 할머니
는 치과 검진 후 깜짝 놀랐습니다. 충치는 물론이고 잇몸 병
도 있었기 때문입니다. 의사와의 상담 끝에 얻은 원인은 밥
대신 먹었던 떡. 반지르르한 들기름이 해가 되었다는 것이었
습니다.

밥 대신 떡을 찾는 어르신들이 많지만 치아 건강을 위해서는 적게 먹는
것이 좋습니다.

떡은 케이크나 빵 등에 비해 끈끈한 성분이 많아 치아에 찌꺼기가 쉽
게 남기 마련인데 특히 인절미와 찹쌀떡은 점성이 강해 침으로 쉽게 떨
어지지 않습니다.

이 경우 구강 내 머무는 시간이 길어 더욱 충치를 유발할 수 있습
니다.

BONUS **호떡과 맛탕, 치아 건강에는 치명적**

　　호떡이나 맛탕처럼 끈적거리는 음식은 충치를 일으킬 뿐 아니라 입속에 오래 남아 세균이 살기 좋은 환경을 만듭니다. 따라서 이런 음식을 먹을 때는 양치를 열심히 해서 치아에 달라붙지 않게 유지하는 것이 매우 중요합니다.

닥터 현 Dr. Hyun의 어드바이스

　　우리가 치아 건강을 위해서는 어떤 음식을 먹은 후에도 양치질을 해야 한다고 생각하지만 실제로는 그렇지 않습니다. 양배추 같은 경우는 오히려 치아를 깨끗하게 청소해 주는 역할이 있어서 섭취 후에도 따로 양치질을 안 해도 된다고 하는데요. 단 음식과 짠 음식, 매운 음식처럼 식품첨가물이 많은 음식을 멀리하는 습관이 매우 중요해 보입니다.

입 마름에는 물,
물 많이 드세요!

영철 씨는 평소 입안이 마르고 혓바닥도 갈라지곤 하는데 담배를 끊고 나서 조금 개선되었습니다. 하지만 평소 소주를 자주 마셨던 탓에 갈증도 많이 느꼈는데요. 치과에 가서 검사하니 입 마름 증상뿐 아니라 충치와 잇몸 질환도 심각한 지경이었습니다.

나이가 들수록 입이 마르는 증상을 호소하는 분들이 많은데 이 경우 치아 건강도 나쁜 경우가 많습니다. 침샘에서 원활하게 침이 분비되어야만 세정력을 발휘해서 세균을 박멸할 수 있는데 입이 말라 버려 기능이 원활하게 돌아가지 않기 때문입니다.

　이 경우 담배를 끊는 것은 필수이고 입 마름을 유발하는 약물이 있는지 살펴보는 것도 중요합니다. 또한 물을 자주 마시면서 치과를 찾아 원인을 치료하는 것이 매우 중요합니다.

BONUS 구강 건조증 예방, 턱밑 마사지 도움

혀가 건조해 갈라지거나, 입안의 건조감으로 잠에서 깰 정도라면 '구강 건조증'을 의심해야 하는데 65세 이상 인구의 40퍼센트가 구강 건조증을 겪는 것으로 알려져 있습니다. 구강 건조증은 면역 기능 저하, 소화 불량, 충치, 구내염 등 다양한 질환을 유발하는데 약물 복용이나 자가면역질환인 쇼그렌증후군 등 특정 질환에 의해 나타날 수 있지만, 노화로 인해서 나타나기도 합니다.

이는 나이가 듦에 따라 침이 생성되는 타액선 기능이 저하돼 침 분비량이 줄어들기 때문인데 실제로 구강 건조증 환자의 50퍼센트는 타액선 기능 저하가 원인입니다.

구강 건조증의 진단은 타액선 스캔이나 타액선 조영술을 통해 1분간 분비되는 침의 양을 측정해, 그 양이 0.1밀리리터 이하면 구강 건조증으로 봅니다. 하지만 타액선은 한번 기능이 저하되면 다시 회복하기 어렵기 때문에 평소 예방적 차원에서 타액선 기능 유지를 위한 노력을 하는 것이 도움이 될 수 있습니다.

타액선 기능의 퇴화를 막기 위해서는 음식을 오래 씹는 것이 좋습니다. 특히 65세 이상의 경우에는 턱이나 치아 건강이 좋지 못해 음식을 대충 씹거나 부드러운 음식만 먹는 경향이 있는데, 저작 운동은 침 분비를 왕성하게 해 타액선 기능을 유지하는 데 도움이 됩니다.

보통 침은 1분당 0.25~0.35밀리리터 분비되는데, 음식을 오래 씹으면 침 분비량이 1분당 4밀리리터로 늘어나고 하루 한 번 5분 가량 껌을 씹는 것도 좋은 방법입니다. 이때 단맛이 나는 껌은 충치를 유발할 수 있으므로 무가당 껌을 씹는 것이 좋습니다. 평소 1.5~2리터의 물을 마시면 체내에 수분이 공급돼 침이 원활하게 분비되는 데 도움이 됩니다.

또한 타액선 마사지도 타액선 기능이 퇴화하는 것을 막는 방법 중 하나입니다. 아침저녁으로 식사 전에 귀밑(위 어금니와 귀 사이에 움푹 들어간 부위)과 턱밑을 마사지하는 것이 좋습니다. 귀밑 부분에 손가락을 대고 뒤에서 앞쪽으로 밀어내듯 원을 그리며 마사지하면 되는데 턱밑은 엄지손가락으로 귀 뒤에서부터 턱밑 부분까지 쓸어내리듯 마사지하는 것이 좋습니다. 다만 너무 세게 누르면 턱관절에 무리를 줄 수 있는 만큼 힘을 너무 세게 주지 말고 피부에 자국이 생기지 않을 정도의 압력으로 누르는 것이 좋습니다.

닥터 현 Dr. Hyun의 어드바이스

입 마름이 있을 때는 물을 자주, 조금씩 마시는 것이 좋습니다. 우유는 타액 대체재로 좋다고 전해지고 올리브 기름을 자기 전에 입에 바르고 자는 것도 효과가 있습니다. 하지만 증상이 지속되면 병원을 찾아 정확한 원인을 확인하는 것이 좋습니다.

3

아이들 예쁜 얼굴, 바른 양치로 지켜 주세요

어린이 치아 건강

아데노이드 페이스를
아시나요?

민철이는 코가 아니라 입으로 숨을 쉬었는데 그 습관이 잘 고쳐지지 않았습니다. 감기도 잘 걸리고 잠자고 나서도 피곤해 하던 민철이. 하지만 정말 큰 문제는 피노키오의 코처럼 얼굴이 자꾸 길어졌다는 겁니다. 매일 보는 엄마 아빠나 친구들은 이러한 민철이의 변화를 잘 느끼지 못했습니다. 하지만 외국에서 사는 고모가 1년 만에 민철이를 보고 말했습니다. "애 얼굴이 왜 이렇게 길어졌어요?" 그제야 엄마는 민철이의 얼굴을 유심히 살펴봤습니다. 고모 말이 맞았습니다. 병원을 찾은 결과 입으로 숨 쉬는 습관 때문에 치아의 배열이 틀어져 앞니가 돌출되고 얼굴뼈가 길어진 '아데노이드 페이스'라는 것이었습니다.

민철이처럼 입으로 숨을 쉬는 습관 때문에 생긴 아데노이드 페이스로 치아 교정을 고민하는 가정이 많습니다. 또한 일부 어린이는 입이 툭 튀어나와 쥐 모양이 되어서 마우스 페이스라고도 불립니다.

외모가 경쟁력인 시대에 말처럼 긴 얼굴이나 쥐처럼 쏙 튀어나온 이를 가진다면 여간 큰 걱정거리가 아닐 수 없습니다.

"
입으로 숨을 쉬면 앞니가 돌출되고
얼굴 뼈가 길어지는 아데노이드 페이스가 됩니다.
성장기에 적절한 교정 치료를 받을 수 있도록
관심을 가져 주세요.

이 경우 성인이 되어서 양악수술을 받는 경우도 있는데 문제는 턱뼈를 깎아 내는 양악수술의 경우 비용도 많이 들지만 암 수술에 비견될 정도로 난이도가 높은 위험한 수술이라는 점입니다.

성장기에 적절한 교정 치료를 할 경우 수술 없이도 매력적인 얼굴을 만들 수 있다는 점에서 하루라도 빨리 치아 교정에 관심을 갖는 것이 필요합니다.

한편 아이들이 코를 고는 경우 대부분 코로 숨을 쉬지 못하고 입으로 쉬는 경우가 많습니다. 이 경우 이비인후과에서 아데노이드 비대증 수술을 하는 경우가 많습니다.

수술로 비대증을 치료했다고 해서 안심해서는 안 됩니다. 이미 치아와 턱이 비뚤어졌다면 하루라도 빨리 교정을 받는 것이 필요한데요.

교정 시기는 나이로 결정할 것이 아니라 아이의 상태를 보고 결정해야 합니다.

실제로 많은 학부모가 치아 교정의 적정 연령을 사춘기 이전이라고 생각하지만 신체 성장 단계나 치아 상태에 따라서 더 빨라져야 할 수도 있습니다.

교정이 필요한 이유가 치아만의 문제라면 사춘기 전에 하면 되지만 턱 성장도 함께 문제일 때는 빠르면 빠를수록 좋습니다. 제가 오랜 시간 임상에서 본 바로는 4세 정도부터 살펴보는 것이 좋습니다.

주걱턱의 가족력이 있거나 턱이 튀어나온 경우, 위아래 턱에 부조화가 있다면 바로 치과를 찾아 정확한 상태를 파악해야 합니다.

아데노이드 형 페이스의 여러 원인들

— 입으로 숨을 쉬는 습관

— 혀를 내미는 습관

— 턱을 괴는 습관

— 뺨에 손을 대고 자는 습관

닥터 현 Dr. Hyun의 어드바이스

치아 교정이란 굉장히 작은 힘을 지속적으로, 그리고 반복적으로 가해서 본래의 위치로 돌려놓는 것입니다. 반대로 생각하면 아주 약한 힘으로 살짝 괴는 정도, 혹은 손만 갖다 대는 정도라도 그것이 계속해서 오랫동안 반복되면 얼굴 모양이 바뀔 수 있다는 것입니다. 그러니 이런 점을 꼭 명심하고 평소 생활 습관 교정에 각별한 주의를 기울여야 합니다.

또한 치아 교정 중 양치질이 제대로 안 될 경우 오히려 구강 건강을 해칠 수 있는 만큼 교정을 받는 동안에는 더욱더 양치질 습관에 신경 써야 한다는 것도 반드시 기억해야 합니다.

어린이 양치질,
부모님이 도와주세요!

수현이는 5살 때부터 혼자 양치질을 했습니다. 언젠가 엄마가 양치질을 해 주고 있을 때 엄마에게 전화가 왔는데, 엄마가 통화하는 동안 수현이가 양치질을 하고 있자 엄마가 칭찬해 준 것이 시작이었습니다. 이후에는 엄마가 양치질을 해 주려고 하면 "수현이가 할 거야"라고 고집을 부리는 통에 칫솔을 주곤 했는데 노래를 부르면서 양치하는 모습이 귀엽고 대견해서 이후에는 줄곧 수현이 혼자서 하게 되었습니다. 하지만 시간이 지날수록 수현이의 양치 시간이 짧아졌고 건성으로 하는 날이 늘었습니다. 그리고 이제는 이곳저곳에 생긴 충치 때문에 치과에 가는 날이 많아졌습니다.

수현이 엄마처럼 아이들의 자립심을 길러 준다며 양치질을 아이들에게 전적으로 맡기는 경우가 있지만 실제로는 좋은 방법이 아닙니다. 아이들은 누구나 양치질을 구석구석 제대로 하기가 어려운데 초등학교 고학년이 되어 스스로 알아서 할 때까지는 부모가 도와주는 게 좋습니다.

　보통 뒤에서 안듯이 잡아서 닦아주는 게 좋은데 작은 칫솔을 이용해서 구석구석 닦아 주어야 합니다. 아이가 재미를 느낄 수 있도록 특별한 노래를 틀어 주는 것도 좋은 방법이 될 수 있고 모래시계를 이용하는 것처럼 게임하듯이 하는 것도 도움이 될 수 있습니다.

단 모든 것을 부모님이 대신 해 주어서는 안 되고, 먼저 혼자서 양치질을 하도록 한 후 이후 부모님이 한 번 더 해 주는 형태로 하는 것이 좋습니다.

BONUS 양치질이 잘되었는지 아이 스스로 알게 할 수 있어요!

아이들에게는 아무리 양치질의 중요성을 강조해도 그때뿐인 경우가 많습니다. 또한 3분 동안 양치를 한다고 해도 귀찮아할 뿐 30초도 못 넘기는 경우가 많은데요. 이럴 땐 양치질이 잘되었는지 색깔로 확인하는 방법이 도움이 될 수 있습니다.

방법은 간단합니다. 치과에 방문해 취지를 설명하면 도움을 받을 수 있는데 치아에 특별한 색깔을 가진 약품을 바른 후 양치질을 합니다. 양치질이 잘되었으면 색깔이 사라지지만 양치가 안 되었다면 색깔이 남기 때문에 색깔이 완전히 없어질 때까지 여러 차례 양치질을 다시 하는 것인데요.

눈에 보였던 것이 사라지는 시각적인 효과를 체험할 수 있기 때문에 대부분의 아이들이 양치질을 꼼꼼하게 하는 데 도움을 주는 것을 확인했습니다.

아이들은 구석구석 제대로 양치하기가
어려워요. 초등학교 고학년이 되어 스스로 알아서
할 때까지는 부모가 도와주는 게 좋습니다.

요즘은 색깔 변화로 양치질이 잘되었는지 여부를 확인할 수 있는 제품들도 출시되어 있습니다. 색깔이 없어지는 과정을 게임하듯 즐길 수 있는 사람은 이 제품을 통해 양치질이 즐거워질 수 있겠지요. 하지만 이런 경험을 너무 자주 하면 오히려 충격은 사라지고 둔감해지는 부작용도 있을 수 있습니다. 제가 보기에도 매일매일 양치를 잘했는지 확인한다면 짜증이 날 수도 있을 것 같은데요. 이러한 방법에 대해 굳이 '충격 요법'이라는 표현을 쓰는 것도 일상에 작은 충격을 줄 정도로만 쓰라는 의미를 내포하고 있는 것 아닌지 하는 생각이 듭니다. 아주 가끔, 아이가 정말로 말을 잘 안 들을 때 치과에 가서 한 번씩 해 보는 것은 어떨까요?

양치 전 칫솔에
물 묻히지 마세요!

성은이는 어릴 적부터 양치질을 할 때마다 칫솔에 물을 묻혀 이를 닦곤 했습니다. 칫솔에 물기가 묻어 있으면 거품이 잘 나서 양치질이 좀 더 쉬워졌기 때문이죠. 그렇게 하면 30초만 양치를 해도 입에서 청량감이 느껴질 정도로 시원했습니다. 하루 세 번, 어쩔 때 간식이라도 먹으면 자기 전에 한번 더 닦기도 했는데요. 정말 이상한 것은 이렇게 열심히 양치질을 해도 충치가 자꾸 늘어난다는 것입니다. 도대체 무엇이 문제인 걸까요?

아이들이 양치질을 할 때 치약을 묻힌 후 물을 묻히는 경우가 있는데 가급적 물을 묻히지 않는 것이 좋습니다. 치약이 갖고 있는 고유의 성분을 희석시킬 수 있을 뿐더러 거품을 빨리 생기게 해서 결과적으로 양치 시간을 줄이는 부작용이 생기기 때문인데요.

또한 아이에 따라 충치가 많은 경우 좀 더 오랜 시간 동안 양치질을 세밀하게 하는 것이 중요한데 거품 때문에 양치질 시간이 단축되는 부작용도 생길 수 있습니다.

놀랍게도 아일랜드에서는 아이들에게 불소가 들어간 어린이 전용 치약을 사용하게 하고 잠자기 전에는 물로 헹구지 않고 그냥 자게 한다고도 하는데요.

어차피 어린이 전용 치약은 양치질하면서 삼켜도 크게 해가 되지 않는 것인데 잠자는 동안 불소가 치아 깊숙이 침투해 충치 예방 효과를 극대화시킨다는 것입니다.

다만 아이의 구강 상태에 따라 어린이 전용 치약을 선택하는 기준도 달라질 수 있는 만큼 우리 아이에게 좋은 치약이 어떤 제품인지 치과의사에게 추천받아 아일랜드 식으로 양치질하는 것도 좋은 팁이 될 수 있습니다.

BONUS 오래된 치약은 청소할 때 사용하세요!

어느 집에나 언제 샀는지 기억도 잘 안 나는 치약이 한 개쯤 있으실 텐데요. 양치질에 쓰기 찝찝하다면 청소용품으로 사용해도 좋을 듯합니다. 치약에 함유된 연마제의 성능이 매우 좋기 때문인데요. 귀금속 세척은 물론이고 화장실 물때와 곰팡이 제거에도 효과가 있습니다. 또한 손때나 얼룩 묻은 문 손잡이, 전기 스위치는 물론, 냉장고와 하얀 가구 등도 치약으로 닦으면 반짝반짝 광이 나는데요. 놀랍게도 보온병 세척에도 효과적입니다.

실제로 보온병에 따뜻한 물을 담고 치약을 아주 조금 짜서 풀어 준 후 뚜껑을 닫고 흔들면 안에 밴 냄새와 때를 깨끗하게 제거할 수 있는데요. 마찬가지로 음식의 색과 냄새가 밴 반찬통, 커피나 차 얼룩이 생긴 머그컵, 스마트폰 액정도 치약을 묻혀 닦으면 금세 깨끗해지는 것을 확인할 수 있습니다.

닥터 현 Dr. Hyun의 어드바이스

국내 치약 시장은 연간 2천억 정도의 수준인데 최근에는 개당 만 원 이상 하는 프리미엄 치약들이 큰 인기를 얻고 있습니다. 이런 프리미엄 제품 중엔 해외의 유명 브랜드 제품이 있는가 하면 프로폴리스와 같은 특정 성분이 함유되었거나 미백과 같은 기능성 치약이 주를 이루고 있습니다. 하지만 중요한 것은 치약의 용도가 무엇이냐 하는 점을 잊지 말아야 한다는 점입니다. 치약의 주된 역할을 하는 연마제는 백묵 가루와도 같은 것인데 여기에 좋은 기능을 하는 것들을 추가한다고 해도 큰 효과를 기대하기는 어렵다는 것입니다. 실제로 프로폴리스 치약의 경우 일반 치약보다 낫다고 볼 수는 있겠지만 치약은 일반 치약으로 쓰고 프로폴리스는 별도의 건강보조식품으로 먹는 것이 더욱 합리적이지 않을까요?

얼음 깨 먹는 아이들,
치아 상해요!

도현이가 깨진 치아를 붙여 달라며 치과에 찾아왔습니다. 얼음을 깨 먹다가 도끼로 찍힌 것처럼 치아가 쪼개진 것인데 땜질을 해서 붙여 주기는 했지만 오래가지는 못할 것 같았습니다.

그래서 상황을 설명해 주고 앞으로 또 이런 일이 생기면 그때는 제대로 치료를 받자고 얘기했습니다. 그런데 신기한 것은 도현이의 입안을 보니 충치가 많지 않고 치아 상태도 비교적 양호했다는 점입니다. 다만 치아 표면에 미세한 실금이 많았는데 알고 보니 얼음을 깨 먹는 것이 도현이의 오래된 습관이었습니다.

아이들은 누구나 얼음과 아이스크림을 좋아하기 마련입니다. 특히 얼음을 깨 먹는 것에서는 재미를 크게 느끼는 아이들도 많은데요.

치아는 온도 변화에 민감한데 이러한 습관이 조금씩 팽창과 수축을 반복하면서 치아가 벌어지게 하고 치아에 실금을 만들 수 있습니다.

특히 삼계탕처럼 뜨거운 음식을 먹은 후에는 얼음이나 아이스크림처럼 갑자기 차가운 음식을 먹는 것은 더욱 해로운데 온도 차이가 늘었다 줄었다 하면서 치아의 부피 역시 늘었다 줄었다를 반복하기 때문입니다.

그러면서 치아에 실금이 가게 되고 그런 균열은 치아의 파절 및 치수 괴사(다수의 신경 및 혈관이 분포하는 치아 내부의 결합조직인 치수의 생활력이 상실된 상태)를 유발할 수가 있고 더 나아가서는 치아를 뽑아야 하는 사태까지도 생길 수 있으므로 얼음을 씹어 먹는 것은 피하는 것이 좋습니다.

얼음보다 나쁜, 사탕 깨물어 먹는 습관

사실 얼음을 깨물어 먹는 것보다 더욱 나쁜 습관은 사탕을 깨물어 먹는 것입니다. 특히 자두맛 사탕이나 신호등처럼 딱딱한 사탕들은 얼음만큼이나 단단해서 치아에 무리를 줄 수밖에 없는데요. 충치와 함께 치아 실금을 유발할 수 있으니 가급적 사탕은 먹지 않도록 하고 부득이 하다면 빨아서 먹은 후 곧바로 양치를 하는 것이 좋습니다.

닥터 현 Dr. Hyun의 어드바이스

얼음이나 사탕을 깨 먹는 아이들에게 '그렇게 하면 치아에 금이 갈 수 있으니 하지 말라'고 얘기하면 아이들은 '알겠다'고 대답하지만 실제로는 바뀌기 어렵습니다. 하지만 장기적으로는 꼭 고쳐야만 하는 나쁜 습관인데요. 이럴 땐 사탕을 깨물어 먹었을 때 금이 가거나 충치가 생기는 것을 그림으로 보여 주는 동화책을 활용하는 것이 도움이 될 수 있습니다. 동화책이 없다면 인터넷에서 유사한 내용을 찾아서 보여 주어도 되는데 그림이나 사진을 눈으로 직접 볼 경우 아이들은 겁을 먹고 조금씩 습관을 교정할 수 있습니다.

아이들 칫솔은 저렴한
캐릭터 칫솔이 최고!

시윤이 엄마는 칫솔 때문에 스트레스가 많습니다. 라디오 방송에서 한 치과 의사가 세상에서 가장 좋은 어린이 칫솔이라고 하며 추천하는 것을 한 개에 7천 원이나 주고 세 개나 사왔는데 한 달도 못 쓰고 망가지기 일쑤고 생각만큼 신통치 않았기 때문입니다. 무엇보다도 난감했던 것은 시윤이가 이 칫솔을 별로 좋아하지 않는다는 것이었는데 뽀로로나 타요버스 같은 친숙한 캐릭터가 없다는 것이 이유였습니다. 또한 이 칫솔의 가장 큰 특징은 모가 정말 가늘다는 것이었는데 시윤이의 경우 양치질하면서 왠지 불편하다고 거부감을 나타냈던 것입니다. 결국 석 달도 안 되어 3개의 칫솔을 망가뜨린 시윤이는 마트에서 싸게 파는 캐릭터 칫솔을 산 후 즐겁게 양치할 수 있었습니다.

아이가 하나뿐인 가정이 많은 요즈음 칫솔 하나도 좋은 것을 사 주려는 경우가 많습니다. 이러한 사회 분위기 때문에 칫솔 하나에 7천 원 정도 하는 제품을 사용하는 가정도 흔히 볼 수 있는데요. 이 경우 대부분 미세모라는 특징이 있습니다.

또한 전동 칫솔의 경우 이보다 열 배 이상 비싼 경우도 종종 볼 수 있는데 초음파 기능이 있는 경우 그보다도 더욱 비싼 경우가 많습니다.

하지만 아이들 칫솔은 좋은 것을 오래 쓰기보다 평범한 칫솔을 자주 바꿔 주는 것이 좋습니다. 미세모의 경우 가장 큰 장점은 잇몸 마사지가 용이하다는 것인데 아이들의 경우 잇몸 질환을 가진 경우는 거의 없기 때문에 사실상 미세모가 필요치 않습니다.

또한 전동칫솔의 경우 아이들에게는 권하고 싶지 않습니다. 아이들의 경우 손가락을 많이 사용하면 두뇌 발달에도 도움이 된다는 사실이 잘 알려져 있는데 군이 전동칫솔을 쓰면서 편리함을 추구할 필요가 없기 때문입니다.

실제로 전동칫솔은 손가락 사용이 불가능한 장애인들을 위해 만들어진 제품으로 현재 많은 기술적 발전을 통해 성능이 개선된 것은 사실이지만 그 어느 경우라도 손가락을 이용해 꼼꼼하게 닦는 것보다 나을 수는 없습니다.

BONUS **아이들 칫솔, 칫솔모 빠지지 않나 확인하세요!**

성인보다 이가 작은 어린이들은 어린이 전용 칫솔을 쓰는데 일부 제품의 경우 칫솔모가 잘 빠지거나 칫솔 손잡이가 부러지는 등 하자가 있는 경우가 종종 있습니다. 소비자원의 자료에 따르면 4년 6개월 동안 접수된 칫솔 관련 위해 사례는 총 342건이었는데 이 중 어린이 안

전사고는 212건을 기록해 62.0퍼센트에 달했습니다. 특히 칫솔모가 빠져 발생한 위해 사례 24건 중에는 어린이 안전사고가 21건(87.5퍼센트)으로 대부분을 차지했는데요. 그중에서도 칫솔대에 칫솔모를 접착제로 붙인 형태의 제품의 경우 칫솔모가 통째로 떨어져 아기가 삼킬 뻔한 위험한 상황이 벌어진 적도 있습니다. '칫솔이 뭐가 위험하겠어!' 하고 생각할 것이 아니라 칫솔모가 빠지지는 않는지 정말로 튼튼한지 등을 꼭 살펴보는 게 좋습니다.

닥터 현 Dr. Hyun의 어드바이스

충치가 있는 아이들의 경우 맞춤형 칫솔을 찾는 경우가 있는데요. 좋은 칫솔을 찾으려고 애쓰기보다 치실을 사용하도록 도와주는 것이 좋습니다. 칫솔로 양치질을 아무리 잘해도 안 닦이는 부위가 생기기 마련인데 치실을 사용하면 구석구석까지 깨끗하게 닦을 수 있습니다. 또한 물총처럼 물을 쏴서 청소해 주는 제품들도 있는데 시원한 느낌과 함께 재미도 있어 아이들의 치아 건강을 지키는 데 큰 도움이 될 수 있습니다.

아이들 치약, 불소 성분은
꼭 필요해요!

서준이 엄마는 충치가 많은 서준이를 위해 개당 만 원이 넘
는 비싼 어린이 전용 치약을 주문했다며 정말로 좋은 치약인
지 저에게 물었습니다. 성분을 살펴보니 파라벤과 불소, 인
공방부제, 합성계면활성제 등 7가지 유해 성분이 첨부되지
않았다고 적혀 있었는데 자일리톨 등 천연 성분이 다량으로
함유돼 치아 건강에 좋다고도 명시되어 있었습니다. 하지만
다른 것은 다 떠나서 불소가 안 들었다는 사실에 저는 권하
고 싶지 않다고 얘기했습니다. 또한 이 치약을 쓰실 거면 석
달에 한번 정도 치과에 와서 불소도포를 따로 해야 한다고
설명했습니다.

많은 부모님들이 불소가 나쁘다는 생각에 불소가 안 들어간 치약을 찾
는 경우가 많지만 실제로는 매우 위험한 생각입니다.

우리 입속에는 보이진 않지만 수천억 마리의 세균(뮤탄스균)이 살고
있는데 불소는 바로 세균 성장을 막아 충치를 예방하고 치아를 단단하
게 하기 때문입니다.

실제로 치아의 가장 바깥층은 법랑질이라고 하는 단단한 조직으로

151

이뤄져 있는데 충치균이 만드는 산은 법랑질까지 녹일 수 있습니다.

하지만 불소 성분이 법랑질로 스며들면 치아가 단단해지는데, 강해진 치아는 내성이 생겨 세균에서 나오는 산의 공격을 막아 낼 수도 있습니다.

또한 불소는 치아에서 빠져나간 무기질 회복을 돕고 이미 발생한 충치의 진행 속도를 늦추기도 하는데요. 이러한 이유로 영국에서는 아이들이 자기 전에 불소가 든 어린이 전용 치약으로 양치를 하게 한 후 물로 헹구지 않고 그냥 재우기도 합니다. 불소의 유효한 성분이 치아 깊숙이 침투한다는 점에서 큰 효과를 거두고 있다고 합니다.

그럼에도 불구하고 불소가 들어간 치약 사용에 거부감이 있다면 석 달에 한 번씩 치과에 방문해 불소도포를 해 주는 것이 좋습니다.

하지만 그렇다고 해서 불소가 든 치약을 사용하는 경우 불소도포가 필요하지 않다는 것은 아닙니다. 영구치가 나기 시작하는 치아 형성기에는 불소를 지속적으로 도포해 주는 것이 좋은데 치아 결합이 더욱 단단해져 충치 예방 효과를 높일 수 있습니다.

또한 6~12세 사이에 대부분 영구치가 나오는데 완전히 성숙될 때까지는 충치 위험이 높으므로 이 시기에도 불소도포를 해 주는 것이 영구치 건강을 위해 매우 중요합니다.

한편 불소 효과가 오래 유지되려면 불소도포 간격을 준수하는 것도 중요합니다. 치아는 보통 약 2년이 지나야 단단해지는데 마지막 영구치가 나온 뒤 2년에 해당하는, 즉 14~15세까지 3~6개월마다 정기적으

로 불소를 도포해 주면 평생 건강한 치아를 유지하는 데 큰 도움이 될
수 있습니다.

BONUS 불소, 농도를 지키면 해롭지 않아요

불소가 들어간 치약이라고 하면 해롭다고 생각하는 부모님들이
많지만 실제로는 농도가 중요할 뿐 잘만 사용하면 결코 해가 되지 않습
니다.

불소화합물의 치아 우식 예방 효과에 대해서는 널리 알려져 있는데
미국의 콜로라도 주 온천지역 주민에게 치아에 반상치가 많은 것을 보
고 원인 조사를 하는 과정에서 반상치는 음료수 중 과량의 불소에 의해
생기며 이것은 치아 우식을 예방한 결과를 낳았다는 것을 알았습니다.

반상치란 표면에 흰색이나 황색 또는 갈색 반점이 불규칙하게 나타
나는 치아를 말하는데 심미적인 이유로 치료를 받는 경우도 있습니다.

콜로라도 주에서는 그 후 적정한 농도의 불소를 인위적으로 투여함
으로써 반상치가 생기는 빈도를 줄였으며 치아 우식을 예방하려는 연
구와 노력을 꾸준히 기울여 의미 있는 결과를 도출했고 이후 예방치과
분야에 큰 기여를 하였습니다.

사람들이 불소가 든 치약을 나쁘다고 생각하는 것은 일부에서 불소의 유해성을 과장해 심각한 공포 분위기를 조성했기 때문입니다. 이들은 불소가 독극물이며 독극물은 아무리 희석시켜도 그 성분이 사라지는 것은 아니라며 인체 유해성을 제기했습니다.

또한 해외의 한 연구소에서 불소가 들어간 수돗물을 꾸준히 복용한 아이들이 두뇌가 나빠졌다는 결과를 내놓으면서 불소는 사회악처럼 여겨진 것이 사실입니다. 이후 불소 등 유해 성분을 넣지 않았다는 5무, 7무를 강조하는 치약 등이 인기를 누리면서 불소치약은 나쁜 것처럼 인식되어 가고 있습니다.

하지만 분명한 것은 불소가 나쁘다는 연구보다 이롭다는 결과를 도출한 연구 논문이 훨씬 더 많다는 것입니다. 또한 두뇌가 나빠졌다는 연구도, 다른 변수가 많이 있었는데 불소만을 부각시킨 것은 문제가 있다는 지적이 제기되기도 했습니다.

더욱이 독극물은 아무리 희석해도 독극물이라고 하는 표현도 무지가 부른 오류라고 생각되는데 실제로 의학계에서는 독을 이용해 치료하는 경우가 적지 않습니다.

일례로 소아 류마티스성 관절염에 걸린 아이들에게 사용하는 메토트렉세이트라고 하는 약물이 있는데 이것은 항암제입니다. 하지만 소아류마티스 환자에게는 관절의 변형을 예방하고 치료하는 좋은 치료제로 쓰이고 있지요. 그렇지만 많은 환자와 보호자들은 '항암제가 독하다고 하던데 류마티스 관절염에 왜 쓰지?' 하면서 거부감을 갖고 오해하는 경우가 있습니다. 마치 '불소가 독극물이라는데 왜 아이 치약에 쓰라고 하지?' 하면서 오해하는 것처럼요.

하지만 실제로 테로르렉세이트라고 불리는 이 약은 맨 처음에는 골수암의 치료 목적으로 개발되었지만 농도를 100분의 1로 줄였더니 항암 효과는 전혀 없이 소염 작용만 있는데 기존의 어떤 소염제보다도 대단히 좋은 효과가 있어서 류마티스 관절염 치료에 가장 기본적으로 사용하는 것입니다. 마찬가지로 불소도 농도를 옅게 해 주기적으로 사용하면 부작용 없이 충치 예방 효과를 높일 수 있습니다.

참고로 저는 저희 아들과 딸도 모두 불소가 든 치약을 사용해서 키웠고 환자들에게도 불소가 든 치약을 강조했지만 단 한번도 부작용을 겪은 적이 없습니다.

손가락 빼는 아이,
치아 교정 고려하세요!

정호 엄마가 정호의 치아가 비뚤어졌다고 교정을 상담하러 병원에 오셨습니다. 정호는 앞니가 벌어지고 비뚤어졌는데 가족 중에 치열이 고르지 못한 경우가 없다고 했습니다.

분명 원인이 있을 텐데 싶어서 정호가 가진 습관들을 확인해 보니 유치원 전부터 손가락을 빼는 습관이 있었다고 했습니다. 커 가면서 없어졌다고 생각했지만 엄마 아빠가 몰랐을 뿐 초등학교 2학년인 지금도 정호는 매일 수십 차례 손가락을 빨고 있었습니다.

정호처럼 어릴 때 손가락을 빨거나 손톱을 깨무는 습관을 당연하게 생각하기 쉽지만 이런 것은 실제로는 매우 해로운 습관입니다.

특히 4살이 넘어서까지 손가락을 빼는 아이들은 치열과 턱뼈 성장에 문제를 일으키는 부정교합의 위험이 높은데 치아 교정이 필요한 경우도 적지 않습니다.

부정교합이란 치아의 배열이 불규칙적으로 들쑥날쑥하여 위아랫니가 잘 맞물리지 않아 씹는 기능, 발음, 삼키는 연하작용, 호흡기능 등의 구강 기능이 원활하지 못하고 보기에도 흉한 상태를 말합니다.

156

어릴 때 손가락을 빨면
치열과 치아의 배열이 불규칙해지는
부정교합이 될 위험이 높습니다.

이 경우 주위 근육과의 조화를 이루지 못해 안정성이 없는 상태가 되는데 시간이 필요한 치료여서 주로 방학 기간을 이용해서 치료를 진행하고는 합니다.

한편 손가락을 빠는 아이들도 어떤 손가락을 빠느냐에 따라 치료 방향이 달라질 수 있습니다. 대부분의 경우 엄지손가락을 빠는 아이들이 가장 많은데 엄지손가락을 빨면 입천장이 깊어지면서 위 앞니들이 앞으로 뻐드러집니다.

또한 아래 앞니들은 혀 쪽으로 기울면서 아래턱 성장에 영향을 주어 얼굴이 길어지기 마련인데 결국 손가락 때문에 위아래 앞니가 서로 닿지 못해 앞니로 음식을 끊지 못하게 되는 것입니다.

부정교합의 치료는 습관을 고치는 것이 최우선입니다. 하지만 어린 아이들의 습관을 고치기란 마음만큼 쉽지 않지요. 그래서 교정 장치를 치아에 고정하거나 마우스피스와 비슷한 장치를 착용해 습관을 중단하는 방법도 있습니다.

BONUS 손가락 빠는 아이에겐 '충격요법'이 특효

손가락을 빠는 아이에게 그러면 안 된다고 아무리 강조해도 고치기가 쉽지 않습니다. 사람의 마음이 하지 말라고 하면 더욱 하고 싶기 마련이고 부모의 눈을 피해 빠는 것도 어렵지 않기 때문입니다. 이럴 땐 손가락에 식초를 발라 놓거나 하는 방법도 도움이 될 수 있으며 그래도 여의치 않다면 충격요법을 쓰는 것이 좋습니다. 즉 손가락을 빨아서 얼굴 모양이 변한 사람들의 사진을 보여 주는 것이 도움이 될 수 있습니다. 또한 치과에 데려가서 치과 의사가 그런 사진을 보여 주고 정말 위험하다고 강조하는 것도 좋습니다. 실제로 제게는 이런 식의 부탁을 하시는 부모님들이 많았는데 대부분 이후에는 손가락 빼는 습관을 고칠 수 있었습니다.

닥터 현 Dr. Hyun의 어드바이스

손가락을 빼는 아이들을 보면 잘못된 습관이라고만 생각하기 쉽지만 실제로는 무언가 스트레스가 많거나 관심이 필요한 경우일 수 있습니다. 부모님이 바빠서 아이와 함께하는 시간이 적은 경우, 무언가 영양이 부족한 경우 등도 해당될 수 있을 텐데요. 아이가 없던 행동을 할 때에는 반드시 무언가 원인이 있는 만큼 관심을 갖고 무엇이 문제인지 함께 얘기해 보는 것이 참 중요해 보입니다.

아이들도 스케일링 필요해요!
심지어 두 살도……

진섭이는 돌이 되기 전부터 치아가 나기 시작했습니다. 엄마 젖과 분유를 혼합해서 먹었는데 먹성이 너무 좋아 다른 아이보다 덩치도 컸습니다. 특히나 분유를 먹다가 잠드는 경우가 많았는데 입술에 하얀 분유가 묻은 채로 잠이 든 모습은 너무나 천진난만해 보여서 엄마는 바라만 봐도 미소가 절로 지어졌습니다. 엄마는 처음에 진섭이가 분유를 먹다가 잠이 들면 손가락 끝에 거즈를 씌워 물을 묻혀 닦아 주었습니다. 하지만 진섭이가 자다 깨서 울고 빽빽 소리치고 다시 잠드는 게 안쓰러워 그냥 재워 둘 때가 많았습니다. 사실 엄마는 아직 치아라고 해 봐야 두 개밖에 되지 않는데 '설마 충치가 생기겠어?' 하는 생각을 했던 것도 맞습니다. 그런데 진섭이가 만 2살밖에 안 되었을 때 진섭이 엄마는 치과를 찾아왔습니다. 두 개밖에 없는 진섭이의 앞니 밑에 노랗게 치석이 생겼기 때문입니다. 진섭이에게 필요한 치료는 스케일링. 다행히 금세 끝나서 크게 힘들어하진 않았지만 두 살밖에 안 된 아이에게 스케일링이 필요하다는 사실이 정말 놀라웠습니다.

스케일링이라고 하면 어른들만 하는 것으로 생각하기 쉽지만 실제로는 어린이들도 필요합니다. 그리고 심지어는 진섭이처럼 두 살짜리 아이들도 드물게 스케일링이 필요한 경우가 있습니다.

스케일링은 치아 표면의 치석을 제거하는 시술로 치아에 부착한 침착물을 제거해 표면을 매끄럽게 하고 치주 질환과 입 냄새 등 구강 질환을 예방하는 효과가 있습니다.

성인의 경우 일반적으로 6개월에 한 번씩 받는 것이 이상적인데 구강 위생 상태가 양호한 사람은 12개월 주기로 받습니다.

중요한 것은 치석이 있느냐의 여부인데 어린아이라고 해도 치석이 많다면 스케일링을 받아야 합니다. 어린아이에게 무슨 치석이냐고 황당해 하는 경우도 있지만 치석은 나이와 큰 상관이 없습니다.

치석은 치아 표면에 들러붙어 생기는 끈끈하고 투명한 막의 치태가 시간이 경과하면서 굳어진 것을 말하는데 특히 아래 앞니 뒤쪽에 많이 생성됩니다.

치태는 '플라크(plaque)'라고도 하는데, 음식물 중 당 성분을 만나면 기하급수적으로 늘어나는 특징이 있습니다. 이러한 이유로 단 음식을 많이 먹으면 충치가 생긴다고 얘기하는 것이죠. 유치에 치석과 치태가 많을 경우 정기적으로 스케일링을 받는 것이 매우 중요합니다.

어린아이에게도 치석이 있냐고요?
치석은 나이와 큰 상관이 없습니다.
어린아이라고 해도 치석이 많다면
스케일링을 받아야 합니다.

많은 사람들이 양치질을 하는 순서에 대해서는 간과하곤 하지만 사실은 순서를 어떻게 하느냐도 치아 건강에 매우 큰 영향을 줄 수 있습니다. 아무래도 처음에 닦는 부위에 좀 더 정성을 쏟기 마련인데 특히나 잇몸 병이 있는 경우 큰 도움이 될 수 있습니다.

실제로 잇몸 병이 있는 경우라면 앞니·어금니 순서로 닦는 대신 평소 잘 닦이지 않는 부분인 아래 어금니 안쪽과 위 어금니 바깥쪽부터 닦는 것이 좋습니다. 이 경우 내 치아가 어떻게 생겼는지 전부 만져본다는 생각으로 칫솔질하는 것이 좋은데 처음 몇 번만 의식적으로 해주면 큰 어려움 없이 진행할 수 있습니다.

닥터 현 Dr. Hyun의 어드바이스

양치질을 잘해도 가장 안 닦이는 부위가 어디인지 아시나요? 바로 아래쪽 앞니의 뒷부분 아래입니다. 깨끗한 치아를 자랑하는 사람들도 이 부분에는 치석이 생기기 마련인데요. 양치질을 할 때 가장 먼저 앞니 뒤쪽부터 닦는 습관을 들이면 이러한 부분을 예방하는 데 도움이 될 수 있습니다.

아이들 유치,
영구치 건강 좌우합니다

윤서는 앞니가 백일 때 났는데 여덟 살, 아홉 살이 되어도 유치가 빠지지 않았습니다. 유치가 빨리 나는 아이들은 빠지기도 빨리 빠질 줄 알았는데 결코 그렇지 않았던 것입니다. 윤서도 여느 아이들과 마찬가지로 초콜릿과 사탕을 좋아했는데 충치가 일찍부터 생겼습니다. 처음엔 하나였던 게 두 달도 안 되어 세 개로 늘어나더니 이제는 웃을 때 충치가 보이는 정도가 되었습니다.

맞벌이를 하는 탓에 아이를 데리고 치과에 가기가 여의치 않았던 윤서 엄마는 '유치는 어차피 빠질 치아니까 괜찮겠지' 생각하고 치과 방문을 미루었습니다. 그러다 그해 가을 끝자락에 치과를 찾았는데 충치뿐 아니라 고름주머니가 생겨서 영구치에도 안 좋을 수 있다는 설명을 들었습니다. 이 정도 고름이 찼으면 아팠을 것이고 냄새도 좀 났을 텐데 왜 이렇게 늦게 왔냐고 묻자 죄송하다고 말하는 윤서 엄마는 얼굴이 빨개지고 말았습니다.

윤서 엄마처럼 아이들의 이가 썩었어도 유치는 빠지니까 괜찮다며 치

료를 등한시하는 경우가 있는데 매우 위험한 생각입니다. 아이들의 유치는 영구치 건강에 큰 영향을 끼치기 마련인데 고름주머니나 염증이 있는 경우 유치의 뿌리 아래에 있는 영구치에 나쁜 영향을 줄 수 있습니다.

실제로 유치는 보통 만 6세경부터 아래 앞니부터 흔들려서 빠지기 시작하는데 이 시기에 유치 어금니의 뒤쪽에서 새로 영구치가 나옵니다.

위 앞니는 만 7~8세경에 이갈이를 하고 6개월~1년 정도의 간격으로 점점 뒤쪽 이들이 빠지게 되는데 마지막 맨 뒤쪽의 유치 어금니는 만 12~13세경까지 사용하게 됩니다.

아이가 초등학생이 되었다면 이미 중요한 시기를 넘긴 경우도 많아 특별한 증상이 없더라도 반드시 한번은 꼭 치과에 방문해야 합니다. 이 시기는 유치가 빠지고 영구치가 나기 시작하는데 이미 유치에 충치가 생긴 아이들이 많기 때문입니다.

이 경우 염증을 유발하거나 영구치가 나오는 자리를 좁게 만들어 심하면 교정 치료까지 필요해질 수 있습니다. 또한 또래 친구들은 유치가 빠졌는데 본인만 변화가 없을 경우 불안해하는 경우도 있는데 치아 발달에 이상이 있는지를 확인해 주면 심리적 안정에도 도움이 될 수 있습니다.

실제로 환자들 중에는 유치에 생긴 충치로 인해 유치가 흔들리거나 일찍 빠져서 영구치가 나올 공간이 없어져 치열에 문제가 생기는 경우

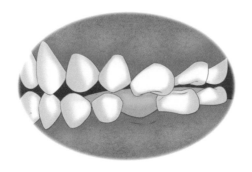

"
유치에 충치가 있으면 염증을 유발하거나
유치를 빼고 난 뒤 영구치가 나오는 자리를
좁게 만들 위험이 높습니다.

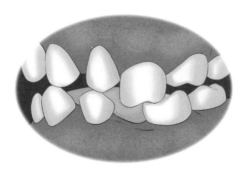

가 종종 있습니다.

따라서 유치가 바르고 튼튼해야 영구치가 건강하게 자랄 수 있다는 점을 명심해야 합니다.

한편 영구치는 씹는 면에 홈이 있어 음식물 찌꺼기가 남아 충치가 잘 생길 수 있습니다. 이 경우 이런 홈 부위를 메워 칫솔질이 잘 되도록 하면 어금니를 건강하게 관리할 수 있습니다.

또한 정상 치아 개수보다 더 많은 과잉치는 저절로 빠지지 않으므로 적절한 발치 시기를 상담받는 것도 매우 중요합니다.

BONUS 단백질 섭취 잘해야 충치 예방

양치질만 잘하면 충치 걱정이 없다고 생각하는 경우가 많지만 실제로는 잘 먹는 것도 중요합니다. 특히 어린이가 단백질 섭취가 부족하면 치아 우식증(충치) 발생 위험이 높아지는 것으로 밝혀졌는데요. 청주대 치위생학과 김한나 교수팀의 연구에 따르면 "칼슘, 인, 마그네슘의 섭취가 증가하면 유치의 치아우식증 발생률이 감소한다"는 연구 결과가 나왔습니다. 또한 "만 6세 이전에 영구 치열이 형성되는데 어린이의 단백질 섭취가 부족하면 전신 건강 상태가 나빠져 치아우식증 발생에 영향을 미친다"라고 설명했습니다. 성장에 중요한 영향을 미치는 단백질이 충치도 예방한다고 하니 참 신기하죠?

많은 사람들이 유치가 나오기 시작하면 귀엽다고만 생각하지만 이때 관리가 정말 중요합니다.

유치 관리는 젖니가 나오기 전 단계에서부터 시작해야 하는데 잇몸 관리를 잘해야 튼튼하고 건강한 유치가 나올 수 있기 때문입니다. 결국 잇몸 관리를 잘해야 유치가 튼튼하고, 유치 관리를 잘해야 영구치도 건강한 것인데요.

잇몸 관리를 위해서는 거즈 손수건으로 잇몸을 문지르면서 닦아 주는 게 좋습니다. 요즘은 거즈 손수건을 대용할 수 있는 시제품도 출시돼 있으니 상황에 맞게 이러한 제품을 이용하는 것도 도움이 될 수 있는데요. 거즈 손수건(혹은 시제품)으로 아기 잇몸을 닦아 주면 자연스럽게 잇몸 마사지가 되어 잇몸을 튼튼하게 하는 데도 도움이 됩니다.

간식 먹는 요즘 아이들,
잠자기 전 양치 필수

윤호는 먹성이 좋아도 너무 좋아서 하루 세 끼는 기본이고 네 끼 이상을 먹는 날도 많습니다. 특히나 태권도를 하고 오는 날이면 식사 시간이 아닌데도 두 공기를 금세 먹어 치우곤 했는데 간식도 많이 먹었습니다.

윤호는 특히 8시 넘어서 과일을 즐겨 먹었는데 하루 세 번 양치질했으니 괜찮다며 그냥 자기 일쑤였습니다. 그런데 하루 세 번 양치질을 열심히 했던 윤호에게 충치가 많이 생겼습니다. 하루 세 번 정말 열심히 양치질했는데 충치가 생겼다며 억울해하는 윤호에게 저는 잠자기 전에 한 번 더 꼼꼼하게 양치질을 하고 하루에 네 번 혹은 다섯 번이라도 많이 먹으면 먹을수록 양치질을 꼭 하라고 알려 주었습니다.

윤호처럼 하루 세 번 3분씩 양치질을 하면 충분하다고 생각하는 아이들이 의외로 많지만 실제로는 회수에 상관없이 음식을 먹을 때마다 양치를 하는 것이 맞습니다.

특히 우유와 간식을 많이 먹는 요즘 아이들은 하루 세 번 양치질로는 부족한 경우가 많은데 다른 때는 몰라도 잠자기 전에는 반드시 양치질을 해 주어야 합니다. 간단한 과자 몇 개, 과일 한 조각 먹은 것도 충치를 유발할 수 있기 때문입니다.

실제로 당도가 높은 과일들은 아이들 충치의 주범인데 잠자기 전에 먹지 않도록 하고 일단 먹었다면 어금니 안쪽까지 구석구석 닦아 주되, 치아가 촘촘히 붙어 있는 경우에는 유아도 치실을 사용하는 것이 좋습니다.

또한 치실을 사용할 때는 치아와 치아 사이의 면을 치실로 닦아 낸다는 생각으로 치면을 따라 살살 닦아주는데 엄마의 무릎에 아이를 눕힌 다음 닦아 주면 한결 수월하게 할 수 있습니다.

BONUS 입안에 음식을 오래 머금는 아이 충치 잘 생겨

아이들의 충치를 예방하기 위해서는 먹는 음식과 양치질에 신경 써야 하지만 입안에 음식물을 머금고 있는 시간을 줄이는 것도 중요합니다. 일부 아이들의 경우 밥을 오랫동안 물고 있는 경우가 있는데 오래 씹는 것이 아니라 그냥 물고만 있는 것이라면 충치를 유발할 수 있습니다. 특히 양파나 마늘 같은 음식을 싫어하는 아이들은 그것이 들어 있는 음식을 주면 입안에 숨기고 있다가 어른들 몰래 버리는 경우가 많습니다. 이렇게 입안에 음식을 머금고 있는 것 자체가 충치를 유발할 수 있습니다. 물론 영유아들이 음식물을 입안에 넣은 채로 자는 경우는 두말할 필요도 없겠지요.

요즘은 놀이동산 앞에서 솜사탕을 하나 사면 3천 원이 넘는 경우도 있습니다. 비싼 것도 문제지만 사실 더욱 중요한 것은 솜사탕이 충치를 유발하는 주범이라는 것인데요. 하지만 소풍날 솜사탕 하나 먹는 것이 소원인 아이들도 있는 만큼 안 사 주기도 어려울 것입니다. 그렇다면 어떻게 해야 할까요? 무엇보다 중요한 것은 칫솔을 항상 휴대하는 것이지요. 요새는 놀이동산 화장실이 깨끗해서 양치질을 하는 데 어려움이 없습니다. 하지만 이마저 여의치 않다면 물 양치를 하는 것입니다. 물을 입안에 넣고 오물오물 씹는 것만으로도 50퍼센트 정도의 양치질 효과를 기대할 수 있습니다. 마지막으로는 자일리톨 껌을 씹는 것인데요. 껌을 씹는 것은 치아에 붙은 당분을 제거하는 데 도움을 주면서 아이들의 두뇌 개발에도 효과가 좋습니다.

음식 먹다 잠든 아기, 큰일 날 수 있어요!

은지는 젖병을 물고 잠이 드는 날이 많았는데 유치에 충치가 생겨 병원을 찾았습니다. 보통의 경우 유치 치료는 늦게 하는 경우가 많은데 은지 엄마는 유치부터 잘 관리하겠다는 생각에 충치 치료를 받은 후 불소도포까지 요청했습니다. 저는 불소도포 후 은지엄마에게 아이가 음식 먹다 잠들 경우 결코 귀엽다고 내버려 두지 말고 물에 적신 거즈로라도 꼭 닦아 주라고 권유했습니다.

음식을 먹다가 입에 물고 잠든 아이의 표정을 보면 그렇게 평화로워 보일 수가 없습니다. 저도 아이들을 키우면서 미소 지었던 것이 엊그제 같은데 참 많은 시간이 흘렀습니다.

하지만 음식을 먹다가 잠든 아이는 생각보다 위험한 상황에 처할 수도 있습니다.

음식이 기도를 막는 경우 질식사 위험도 있지만 가장 쉽게는 충치를 만들 수 있습니다.

특히 우유나 모유를 먹는 갓난아기들의 치아 우식증도 대부분 우유를 먹다 잠이 드는 것 때문에 생기는데 거즈에 물을 적셔 손가락을 넣어서 닦아 주면 잠자는 동안에도 큰 어려움 없이 양치할 수 있습니다.

BONUS 저녁 먹고 곧바로 양치한다고요? 30분만 참았다 하세요!

미국 펜실베이니아 의학대학의 한 연구에 따르면 잠들기 직전에 양치하는 것보다, 저녁식사와 잠들기 전 사이 시간 중에 양치하는 것이 더 좋다고 합니다. 치약의 불소(fluoride)가 이를 튼튼하게 할 시간을 더 주면, 잠들기 전에 산(acid)을 막는 일종의 배리어를 생성할 수 있기 때문이라고 하는데요.

하지만 저녁을 먹자마자 바로 양치를 해선 안 된다고 강조했습니다. 저녁 식사를 할 때는 산 생성이 가장 높은 시간대이므로, 치아 에나멜의 표면층이 약해져 있기 때문이라고 하는데요. 바로 양치를 하면 약해진 에나멜이 제거되어 치아가 마모될 수 있는 만큼 저녁을 먹고 최소 30분은 기다린 후 양치를 하는 것이 좋다고 합니다.

닥터 현 Dr. Hyun의 어드바이스

아이가 잠들어 양치질을 못 해 깨워야 하나 놔둬야 하나 고민하는 부모님들이 많은데요. 가급적 음식물 섭취 후 곧바로 양치질을 해 주면 이러한 고민을 줄일 수 있습니다. 갓난아기가 아닌 경우라면 대부분의 아이들이 음식물 섭취 후 일정 시간 이후 잠이 드는 경우가 많은데 음식을 먹자마자 양치질을 하는 습관을 들이면 양치질 안 하고 잠자는 것을 막을 수 있습니다. 다만 저녁식사를 한 이후라면 30분 정도 시간을 두고 양치질을 하는 것이 더욱 좋으며 이후에는 간식을 먹지 않아야 합니다.

"
갓난아기들의 치아 우식증은 대부분 우유를 먹다
잠이 드는 것 때문에 생깁니다. 거즈에 물을 적셔
손가락을 넣어서 닦아 주면 잠자는 동안에도
큰 어려움 없이 양치할 수 있습니다.

아이 입 냄새,
원인 찾아야 해요!

진형이는 치과라면 근처에도 가기 싫어했는데 어쩐 일인지 엄마 손을 잡고 씩씩하게 병원에 들어왔습니다. 그러더니 충치 치료를 받으러 왔다는 엄마의 설명에 그만 울음을 터트리고 말았는데요. 치과는 무서워서 정말 가기 싫은데 친구들이 입에서 냄새난다고 놀려서 어쩔 수 없이 가겠다고 했다는 것이었습니다. 이제 초등학교 3학년생인데 입 냄새가 심하다니 걱정이 많이 될 수밖에 없었는데요. 역시나 살펴보니 충치와 함께 고름이 많이 차 있었습니다.

진형이처럼 아이에게 입 냄새가 많이 나면 양치 상태와 함께 충치 여부를 살펴봐야 합니다.

어른과 마찬가지로 아이들의 구취 원인도 대부분 치과 질환인데 입 안에 음식물 찌꺼기가 쌓여 있거나 떨어져 나온 세포 등이 이빨 사이나 혀에 달라붙어 세균과 반응하며 휘발성의 냄새 물질을 만들어 내기 때문입니다.

일단 충치가 없다면 양치질을 3분 정도 구석구석 정성껏 해 주고, 치실 사용 후 혀 클리너로 혀를 닦아 주면 냄새가 사라질 수 있습니다.

또한 오랫동안 음식물을 먹지 않거나 물을 적게 마시는 것도 냄새를 유발할 수 있으므로 물을 자주 마시는 것도 큰 도움이 될 수 있습니다.

하지만 이미 충치가 진행된 경우라면 충치 치료가 필요합니다. 잇몸이 붓거나 고름 주머니가 형성된 것이 입 냄새의 주된 원인일 수 있는데 유치와 영구치에 상관없이 적극적인 치료가 필요합니다.

하지만 충치가 없는데도 입 냄새가 난다면 편도에 염증이 있거나 축농증과 같은 호흡기 질환, 식도와 위장과 같은 소화기 장애, 설사로 인한 탈수와 당뇨 등 다양한 질병이 원인일 수 있으므로 정확한 원인을 파악하는 것이 매우 중요합니다.

BONUS 바쁜 일상, 양치 없이 가글만으로 괜찮을까?

요새는 아이들이 어른들보다 더욱 바쁜 경우가 많은데 양치질 대신 가글로 대체하는 경우를 종종 볼 수 있습니다. 하지만 이는 매우 잘못된 행동으로 장기적으로 갈 경우 다양한 문제를 일으킬 수 있습니다. 실제로 구강청결제에 가장 많이 포함되어 있는 성분은 물이고 그 외에 항균 효과를 얻기 위한 항균 성분과 충치 예방을 위한 불소 성분이 포함되어 있어 충치와 잇몸 병을 예방하고 구취를 제거하는 데 도움을 줍니다.

그러나 구강청결제가 칫솔질을 대신할 수 있는 것은 아닙니다. 치아와 잇몸에 안 좋은 영향을 끼치는 것들은 치아와 잇몸에 접착성 있게

붙어 있기 때문에 구강청결제만으로 칫솔질의 효과를 보기란 어려운 것입니다.

한편 구강청결제는 양치질 후 사용하면 단기적인 구강 관리에 도움이 될 수 있습니다. 단, 시간차를 두고 사용해야 하며 사용 후에는 구강청결제가 입안에 남아 효과를 낼 수 있도록 30분간 물이나 음식물 섭취를 하지 않는 것이 좋습니다.

닥터 현 Dr. Hyun의 어드바이스

음식물을 먹었는데 양치질을 할 시간이 없는 경우 물 양치라도 하는 게 좋고 가능하다면 가글액을 사용하면 조금 더 좋은 효과를 얻을 수 있습니다. 다만 이러한 습관이 장기화되면 부작용이 생길 수 있는데 특히 알코올이 함유된 가글액 사용을 피해야 합니다.

입안에는 최소 500종류 이상의 세균들이 생태계 평형을 유지하고 있습니다. 그러나 항균 효과를 가진 구강청결제가 지속적으로 구강 내에 사용된다면 나쁜 세균뿐 아니라 좋은 세균들도 죽게 되어 구내염, 잇몸질환이 발생하는 등 구강 내 면역력이 약화될 수 있습니다.

또한 알코올 성분이 들어간 가글액은 예기치 않은 입 냄새를 유발할 수도 있습니다.

아이들 열 중 하나는
남들보다 이가 적어요

정미는 또래 친구들보다 치아가 한 개 적어 병원을 찾았습니다. 아래 어금니 하나가 부족한 것이었는데 그러다 보니 그쪽 방면으로 음식을 잘 안 씹게 되고 반대쪽 어금니만 많이 사용했던 것입니다. 그러다가 중학교에서 구강검진을 실시했는데 결손치가 있으니 병원에 가 보라고 했다는 것입니다. 결손치의 경우 특별하게 아픈 게 아니어서 치료를 하지 않는 경우가 많지만 장기적으로 치열에 문제를 일으킬 수 있으니 놔 둬도 괜찮은지 치과에 가 보라고 했다는 것입니다.

정미처럼 남들보다 한두 개 치아가 적은 사람들이 의외로 많습니다. 이것을 선천성 결손치라고 하는데요.

아주대치과병원 연구팀에 따르면 최근 5년간 교정 치료를 받은 어린이 1,240명을 대상으로 조사한 결과, 선천성 결손치 환자가 12.3퍼센트에 해당하는 152명이나 되는 것으로 나타났다고 밝혔는데요.

크기가 작은 왜소치, 정상적인 치아 개수보다 더 많은 과잉치, 잇몸뼈 안에 숨어 있는 매복치 등 치아에 이상이 있는 환자들도 각각 33명,

18명, 53명이 발견됐습니다.

이런 치아 이상은 부모로부터 대물림되는 유전적 영향뿐 아니라 자궁 내 환경이나 유아기 초기의 영양 상태 등 환경적 요인이 복합적으로 작용해 발생한다고 하는데요.

이런 결손치나 왜소치, 과잉치, 매복치 등 치아 이상을 방치하면 치열에 공간적으로 문제가 생기고 정상교합 형성을 방해하여 미용과 저작 기능에 모두 영향을 미칠 수 있습니다.

따라서 어린 자녀를 둔 부모는 자녀의 영구치가 나올 때까지 내버려두지 말고 유치원이나 초등학교 시기에 꼭 치과 교정과를 방문해서 치아 이상 여부를 사전에 확인하는 게 좋습니다.

BONUS 자녀가 유치원 갈 나이 되었으면 꼭 한번 치아검진 받으세요!

아이들의 치아 이상으로 발생하는 부작용을 최소화할 수 있는 가장 확실한 방법은 아동기에 치과를 찾아 방사선 검사 등을 통해 조기 검진을 하는 것입니다. 특히 아이가 유치원에 들어갈 나이가 되었을 때는 충치뿐 아니라 치열, 결손치 등 확인해야 할 것이 많은데요. 어린 자녀를 둔 부모님이라면 자녀의 영구치가 나올 때까지 내버려두지 말고 치과에 방문에 혹시나 있을지 모르는 치아 이상 여부를 사전에 확인하기 바랍니다.

아이에게 치아가 처음 나오면 신기하다며 박수치고 좋아하곤 하지만 갓 자라난 치아일수록 충치에는 더욱 취약합니다. 치아의 가장 바깥층으로 치아 표면을 감싸는 '법랑질(에나멜질)'이 미성숙하기 때문인데요. 또 어금니 같은 경우에는 형태상 깊게 파인 홈과 골짜기 등이 있는데, 갓 나온 어금니는 이 홈이나 골짜기가 더 날카롭고 좁아 칫솔질로도 음식물이 잘 떨어져 나가지 않는 특징이 있습니다.

이 때문에 치아에 음식물이 쌓이기 쉬워 충치가 잘 생기는 것인데요. 이 법랑질은 타액(침)이나 음식물을 씹으면서 강화되는 과정을 거치기 때문에 일정 기간이 지나면 충치를 일으키는 세균에 대한 저항력도 강해질 수 있습니다.

따라서 보통 최종적인 영구치가 완전히 나오는 만 13~14세 전후에만 충치 예방에 주의하면, 평생 충치로 고생하는 일을 막을 수 있는데요. 이 시기 충치 예방 목적으로 치과에서 시행하는 시술이 '치아 홈 메우기'와 '불소도포'입니다.

충치 많은 아이 '불소도포' 언제 할까요?

수정이 엄마는 온 집안이 치아가 약해 걱정이 많았습니다. 엄마 아빠가 치아가 부실해 30대에 임플란트를 심었고 특히 아빠는 42살의 비교적 젊은 나이에도 불구하고 자연치아가 7개에 불과할 정도로 엉망이었습니다. 평소 치아 건강에 관심이 많았던 수정이 엄마는 6살이 되자 수정이를 데리고 치과를 찾아와 불소도포를 받았습니다.

수정이처럼 충치가 걱정되는 아이들을 일부러 병원에 데려오는 부모님들이 의외로 많습니다. 치아가 안 좋으면 평생 동안 고생한다는 것을 잘 알기 때문에 양치질을 강조하지만 말처럼 쉽게 되지 않으니 불소도포라도 하는 것인데요.

불소도포는 어금니 홈 부위보다는 치아 사이사이나 치아끼리 맞닿는 평평한 면에 주로 합니다. 치아 사이사이나 잇몸과 치아가 연결된 부위에 음식물이 제대로 닦이지 않으면서 충치가 잘 생기는데, 이 부위에 불소도포를 하면 충치 예방 효과를 기대할 수 있습니다.

치과 재료로 사용되는 불소는 젤 형태로 되어 있는데 치아를 덮은 후 씹게 하면 씹는 압력에 의해 액체가 되면서 치아를 덮게 됩니다. 이렇게 덮인 불소는 치아 표면인 법랑질 성질을 변화시켜 충치 세균이 만드는 산에 대한 저항력을 강화시키는 것인데요.

치아 닦는 요령이 부족하거나 음식물을 오랫동안 물고 있는 초등학교 입학 전 아이들에게 많이 시행되는 시술입니다.

BONUS 불소도포 효과는 보조적일 뿐 양치질 잘해야

보통 불소도포의 충치 예방 효과는 20~40퍼센트 정도로 볼 수 있습니다. 불소는 치아 표면의 일부만 덮기 때문에 치아를 사용하면 해당 부위가 벗겨져 나가게 됩니다. 따라서 주기적으로 다시 도포를 해주는 것이 좋은데, 사람마다 차이는 있지만 보통 3~6개월 간격으로 시술받는 게 가장 좋습니다. 또한 치아가 완전히 자란 후 2~3년 정도가 흐르면 타액이나 음식물 저작 과정에서 단단해지기 때문에 이 시기 이후에는 더 이상 불소도포할 필요가 없습니다.

닥터 현 Dr. Hyun의 어드바이스

많은 사람들이 불소치약을 쓰는 것보다 불소도포를 선호하는 경향이 있습니다. 하지만 이는 잘못된 생각으로 불소가 함유된 치약을 매일 꾸준히 사용하는 것이 더욱 좋은 충치 예방 효과가 있습니다. 이는 불소 효과가 반복적으로 가해질 때 더욱 좋기 때문인데 아무래도 석 달에서 6개월에 한 번 하는 것보다는 매일매일 약하게라도 해 주는 것 이 더욱 좋기 때문입니다.

치아 홈 메우기
꼭 필요한가요?

민수는 양치질 시간이 30초를 넘기지 못합니다. 거품을 내며 치카치카하면서 요란을 떨지만 겉에 묻은 음식물만 제거하는 수준일 뿐 엄마가 양치질을 추가로 해 주면 훨씬 많은 찌꺼기들을 발견하곤 합니다. 문제는 언제부턴가 치아에 홈이 생겼다는 점인데 홈 주변에 색깔이 변화하기 시작한 것도 느껴졌습니다. 결국 민수는 이미 드러난 충치 치료와 함께 치아 홈 메우기를 받았습니다.

'실란트'라고도 부르는 치아 홈 메우기는 음식물이 잘 끼거나 양치가 잘 되지 않는 어금니의 홈을 메워 음식물이 끼는 것을 예방하는 치료법입니다. 치아의 씹는 면 중 깊게 파인 선과 점 등을 레진(화이트실란트)으로 막아 평평하고 매끈한 형태로 만드는 방식입니다.

'복합레진'이라고 하는 치과 재료를 통해 시술하는데, 이 재료는 평소에는 액체인데 빛을 쏘이면 단단한 플라스틱으로 변하는 성질이 있습니다. 치아 홈 메우기는 치아 표면을 부식시킨 후 이런 치과 재료를 도포해 골짜기나 구멍을 막은 후 특수한 빛을 쏘여 단단하게 고정시키는 시술입니다.

그렇다면 이러한 치아 홈 메우기는 어떤 사람에게 필요할까요? 보통 어금니는 만 6세부터 나기 시작해서 만 14세 정도가 되면 마지막 어금니가 나게 됩니다. 갓 나온 어금니는 뾰족뾰족하고 홈이나 골짜기가 깊기 때문에 치아 홈 메우기도 이 시기 갓 나온 어금니에 할 때 효과가 가장 좋습니다.

실제로 치아 홈 메우기를 시술받은 첫 해에 충치 예방 효과가 85~90퍼센트에 달하는 것으로 알려져 있습니다. 두 번째 해에도 충치 예방 효과는 80퍼센트 정도로 보는데 4년 정도가 지나도 50퍼센트가량의 충치 예방 효과가 있어 충치가 잦은 경우라면 긍정적으로 검토해 볼 필요가 있습니다.

BONUS 치아 홈 메우기 치료, 18세까지 건강보험 적용

미국 치과 의사 협회 연구 결과, 치아 홈 메우기 시술을 받지 않은 사람은 받은 사람에 비해 충치 발생 위험이 7.5배 더 높은 것으로 나타났습니다.

중요한 건 치료 시기인데 어금니에 충치가 조금이라도 있는 상태에서 홈을 메우면 충치가 더 커질 수 있기 때문에 어금니가 막 났을 때가 적기라고 합니다. 보통 첫 번째 어금니는 유치원에서 초등학교 들어갈 때, 두 번째 어금니는 초등학교에서 중학교에 올라갈 때 난다는 점을 고려하면 치아가 완전히 잇몸을 뚫고 다 올라오면 바로, 즉시 시행을

"
치아의 표면에 치과 재료를 도포해서
단단하게 고정시키는 홈 메우기를 해 주면
충치 예방 효과가 높아요.

해주는 게 제일 좋다고 볼 수 있습니다.

또한 최근에는 치아 홈 메우기 치료가 만 18세까지 건강보험에 적용되어 본인 부담률이 크게 줄어든 만큼 적당한 시기에 치과를 방문해 상담하는 것이 좋습니다.

닥터 현 Dr. Hyun의 어드바이스

치아 홈 메우기를 받는다고 해서 충치가 안 생기는 것이 아니라 위험을 줄여 준다는 것입니다. 실제로 시술을 받더라도 30퍼센트 정도는 6년 이내에 충치가 발생하기 때문에 충치 예방을 위한 지속적인 관리가 매우 중요합니다.

연필 잡듯
양치질해 보세요!

상혁이는 종종 잇몸이 붓는 경우가 있었는데 양치질을 할 때 너무나 힘을 세게 주는 것이 문제였습니다. 마치 양푼 비빔밥을 먹을 때 숟가락을 꽉 쥐고 벅벅 긁어대듯이 칫솔을 세게 잡았던 것인데요. 세게 하지 말고 부드럽게 하라고 설명해도 그때뿐 쉽사리 고쳐지지 않았습니다. 결국 상혁이는 치과까지 찾아와 잇몸 치료와 함께 올바른 양치질 교육을 받았는데요. 상혁이에게 권해 준 것은 영국 어린이들에게 권장되는 연필 잡듯이 양치질하는 방법이었습니다.

여러분은 양치질을 할 때 어떤 방법으로 칫솔을 잡으시나요? 혹시 상혁이처럼 양푼 비빔밥을 비빌 때처럼 손가락 사이에 넣고 힘을 꽉 주지는 않나요?

영국에서는 어린이들의 치아 건강을 위해 연필 쥐듯이 칫솔을 잡는 방법을 권유한다고 합니다.

연필 쥐듯이 칫솔을 잡으면 큰 힘을 들이지 않고도 칫솔모의 방향을 조절하기가 쉬워서 구석구석 보다 효과적으로 닦을 수 있기 때문인데요.

처음에는 힘들어도 습관이 되면 잇몸은 물론 치아 건강에도 큰 도움이 될 수 있다고 합니다. 실제로 많은 어린이들에게 권해 주었을 때 쉽게 따라하면서도 만족스러워했는데요.

칫솔에 힘을 주지 않는 것이 핵심인 만큼 천천히 구석구석 닦도록 애써야 합니다.

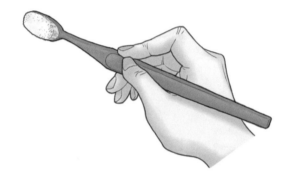

"
연필 잡듯 칫솔을 쥐고 양치질을 하라는
것은 그만큼 힘을 적게 들이라는 의미입니다.
힘을 세게 주면 잇몸에 부담이 가고
치아도 마모될 수 있어요.

BONUS 연필 깨무는 습관, 치아 깨져요!

아이들이 가진 나쁜 습관 중에 평소 긴장을 하면 연필을 씹는 습관이 있습니다. 연필은 얼음과 달리 딱딱하지 않아 치아에 해롭지 않다고 생각하는데 사실은 그렇지 않습니다. 반복된다는 점에서 충분히 해로우며 순간적으로 강한 힘이 가해진다는 점에서 치아를 깨뜨릴 위험이 있습니다. 연필을 씹는 습관이 있다면 연필 대신 무설탕 껌을 씹으면서 습관을 천천히 없애는 게 안전합니다. 또한 이로 병을 따거나 택배 포장지를 뜯는 행위도 피해야 합니다.

닥터 현 Dr. Hyun의 어드바이스

연필이나 가위를 집듯이 칫솔을 쥐고 양치질을 하라는 것은 그만큼 힘을 적게 들이라는 의미입니다. 힘을 세게 주면 잇몸에 부담이 갈 뿐더러 치아도 마모될 수 있어서인데요. 평소 오른손을 쓰던 사람이라면 왼손을 이용해 닦는 것도 좋은 대안이 될 수 있습니다. 안 쓰던 근육을 쓰면 두뇌 개발에도 좋고 힘을 덜 쓰게 되어 꼼꼼하게 양치질하는 데 큰 도움이 될 수 있습니다.

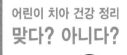

어린이 치아 건강 정리
맞다? 아니다?

1   가급적 학교 들어가기 전까지는 부모가 아이들의 양치질을 도와주는 게 좋다. 맞다? 아니다?

맞다. 어린이들의 경우 양치질을 제대로 하기 어렵기 때문에 초등학교 저학년까지는 부모가 도와주는 것이 좋습니다.

2   얼음을 깨서 먹는 아이들은 치아가 튼튼해진다. 맞다? 아니다?

아니다. 얼음을 깨 먹는 습관은 치아 실금을 유발할 수 있습니다.

3   어린이 칫솔은 비쌀수록 좋다. 맞다? 아니다?

아니다. 아이들 칫솔은 흥미를 느낄 수 있는 보통의 캐릭터 제품이 좋습니다

4   어린이에게 제일 좋은 치약은 불소 등 각종 첨가물이 없는 제품이다. 맞다? 아니다?

아니다. 어린이들의 치약은 기본적으로 불소가 들어가 있는 것이 좋으며 이것이 싫다면 석 달에 한 번씩 치과에 가서 불소 코팅을 해 주어야 합니다.

5   치약 중엔 알갱이가 들어 있는 경우가 있는데 시원한 느낌만큼 세정력이 뛰어나다. 맞다? 아니다?

아니다. 치약의 알갱이란 연마제를 의미하는 것인데 느낄 수 있는 정도의 알갱이 사이즈가 아닙니다. 혀가 느낄 정도의 크기는 굉장히 큰 것인데 세정력과는 큰 상관이 없습니다.

6   아이들의 치아 교정은 초등학교 들어간 이후 2~3학년이 적기이다.
맞다? 아니다?

아니다. 교정에는 성장 교정과 치열 교정이 있는데 성장 교정은
빠르면 4살 정도에도 시작해야 하는 경우가 있습니다.

7   아이들의 충치는 영구치가 나오기 전까지는 큰 의미가 없다. 맞다? 아
니다?

아니다. 유치에 충치가 생겨 고름이 잡히면 영구치에도 영향을 줄
수 있습니다.

8   식사 이후 양치질을 했다면 사과 같은 과일을 먹은 이후에는 양치질을
안 해도 된다. 맞다? 아니다?

아니다. 과일에는 당분이 있기 때문에 음식과 별 차이가 없습
니다. 치아에 충치를 유발할 수 있으므로 반드시 양치질을 해 주
는 것이 좋습니다.

9   아이들 칫솔은 미세모일수록 좋다. 맞다? 아니다?

아니다. 미세모일수록 칫솔 가격은 비싼데 아이들에게는 크게 도
움이 되지 않습니다. 뭘 해도 제대로 된 방식으로 하는 것이 더 중
요합니다. 너무 비싼 칫솔은 나쁘진 않겠지만 가성비에서 떨어집
니다.

10   아이들은 유치이기 때문에 치실이나 스케일링은 필요 없다. 맞다? 아
니다?

아니다. 어린이들의 초기 치은염이 거의 90퍼센트에 달합니다. 따
라서 아이들에게도 치실이나 스케일링은 매우 필요합니다.

4

알쏭달쏭
상담실

양치질 싫어하는 아이,
어떡하면 좋을까요?

저는 30대 엄마입니다. 다름이 아니라 저희 딸들은 아무리 양치질이 중요하다고 해도 한쪽 귀로 듣고 흘려 버립니다. 이제 초등학생이고 중학생인데……. 아무리 열심히 해도 안 될 것은 안 된다며 적당히 하겠다고 하네요. 그런데 사실 양치질은 정말 중요하잖아요. 아이들이 시각적으로 느끼면서 체감할 수 있는 좋은 방법은 없을까요?

무엇이든 잘되었는지 여부를 확인하려면 시각적으로 보여 주는 것이 좋습니다. 따라서 양치질이 잘되었는지 안 되었는지를 보려면 착색제를 발라 주는 것이 도움이 될 수 있습니다. 그렇게 하면 치태가 있는 곳은 분홍색으로 바뀝니다. 이때 칫솔질을 하면 분홍색이 없어지는데 양치질 후 살펴보면 칫솔질이 잘되는지 여부를 확인할 수 있습니다. 이후 잘될 때까지 계속 피드백하면서 다시 양치를 하라고 말해 주면 자신의 칫솔질 문제를 확인할 수 있습니다. 특히 치과에서는 TBI라고 해서 스케일링 끝나고 칫솔질 교육을 시켜주는데 간혹 너무 못 하시는 분들은 착색제를 이용해서 설명해 주기도 합니다.

보철물 씌운 색깔 다른 앞니,
뽑아야 하나요?

저는 42살 남성입니다. 제가 치아가 정말 안 좋은데요. 심지어 앞니마저 썩어서 보철물을 끼워 넣었습니다. 앞니도 몇 개 빼고는 다 의치인데요. 옛날에 심었던 것과 최근에 심은 것이 약간 색깔 차이가 납니다. 기능상으로는 문제가 없어 아직 쓸 만한데요. 그래도 그냥 뽑고 다시 새로 넣는 것이 좋은지 궁금합니다. 괜스레 생이빨 뽑는 느낌이 들어서요. 썩을 때까지 기다렸다가 자연스럽게 교체해야 하는지 아니면 그냥 뽑고 다시 심어도 되는지 궁금합니다.

치아 색이 다르다고 말씀하시는 것을 보니 앞니일 텐데 보철물은 치료 시기가 다르면 색깔이 달라질 수밖에 없습니다. 우리가 옛날에 만든 옷을 다시 보면 촌스러운 것처럼 치아도 마찬가지인데요. 요새는 캐드캠도 쓰고 그래서 보철 치아들이 정말 예쁘게 많이 나오는데 그렇다고 하더라도 동시에 바꾸지 않는다면 똑같이 만들기란 굉장히 어렵습니다.

5분 미만 스케일링,
시늉만 한 걸까요?

저는 30대 주부입니다. 제가 잇몸이 약해 스케일링을 원래부터 자주 받았었는데요. 요새는 보험 적용이 되어서 부담 없이 자주 이용하고 있습니다. 6개월에 한번은 기본이고 어쩔때는 더 자주 가기도 하는데요. 예전과 달리 요새는 스케일링을 몇 분 만에 끝내더라고요. 이게 사실 제대로 하려고 하면 10분 정도는 소요되는 것으로 아는데 5분 정도에 다 했다고 하니…… 보험 되니까 형식적으로 대충 하는 것은 아닌지 궁금합니다.

요새는 스케일링이 보험이 적용되다 보니까 자주 하시는 분들이 있는데요. 사실 너무 자주 받거나 원인이 다른데 스케일링을 받는 것은 권장할 만한 사항은 아닙니다. 어떤 경우에는 입 냄새 때문에 고생하신다며 스케일링을 해 달라고 하는 경우가 있는데 치석이 없다면 불필요한 조치입니다. 따라서 이런 경우에 해당한다면 빨리 끝내고 칫솔질 교육만 시켜 주기도 합니다. 또한 하얀 치석은 굉장히 빨리 제거할 수 있기 때문에 빨리 끝날 수도 있습니다.

사실 스케일링이 제대로 됐는지를 보려면 엑스레이를 찍어서 봐야 하는데 이 경우 보험 처리도 안 되기 때문에 보통 그렇게까지는 잘 안 하는 편입니다. 또한 미국에서는 스케일링을 할 때 보통 마취를 하고서 깊게 하는데 우리나라는 마취 없이 스케일링하기 때문에 좀 더 약하게 하는 성향이 있습니다.

84세 할머니,
힘든 임플란트보다 틀니가 좋을까요?

저희 할머니가 올해 84세이신데 치아가 없으셔서 틀니를 하려고 합니다. 임플란트도 고민했지만 개수가 많아 비용도 부담이 되고 사실 치료받다가 너무 힘드시진 않을까 염려됩니다. 사실 전에 이모가 임플란트 수술을 받았는데 망치로 못 박듯이 두드리는데 엄청 많이 아팠다고…… 마취를 해도 너무 아프고 머리가 찌릿찌릿했는데 오랫동안 머리가 아팠다고 해서요.

그런데 치과에서는 아래 잇몸이 거의 없으셔서 임플란트를 해서 박은 뒤 틀니를 해야 된다고 말합니다. 건강이 많이 안 좋으신데 간단하게 틀니를 해 드리는 것이 좋지 않을까요?

틀니보다는 임플란트가 확실히 낫습니다. 음식을 먹는 것이 행복한 사람도 있지만 그렇지 못한 사람들도 있습니다. 그리고 사실 임플란트를 심는다고 해서 머리가 아픈 경우는 드문 케이스인데요. 84세이시면 충분히 가능합니다. 제가 여든 넘으신 분들을 많이 치료했는데 아주 경험이 많은 의사들은 상처가 적게 수술하기 때문에 위험성이 크지 않습니다.

비싼 기능성 치약,
정말 효과 있나요?

저는 칫솔은 불소만 들어 있으면 좋은 치약이라고 생각하는
사람인데요. 아내는 비싼 기능성 치약을 쓰자고 합니다. 하
지만 저는 미백 치약 중 판매량 1위를 달리는 비싼 치약을 사
용해 봐도 좋은 줄 모르겠더라고요. 더불어 치석 제거 치약도
별로 효과는 없다고 느껴지는데요. 비싼 기능성 치약이 정말
효과적인가요?

기능성 치약 중에서 그나마 괜찮다고 하는 것이 과민성저하치약인데
사실 소금 성분입니다. 과민한 치아에 대해서 효과가 있다는 것이 어느
정도 입증되었기 때문에 인정해 줄 만한데 나머지 기능성 치약들은 별
로 영향이 없는 것 같습니다. 이것은 사실 제품 자체가 나쁘다는 차원
의 얘기가 아닙니다. 칫솔에 묻은 치약이라고 하는 것이 워낙 잠깐 입
에 들어갔다 나오는 것이기 때문에 1분 미만으로 하는 사람들이 대부
분인 현실을 고려하면 별 효과를 기대하기 어렵다는 말입니다.

청소년의 부러진 치아,
임플란트 괜찮나요?

저희 아이가 사고 때문에 치아가 두 개 부러졌는데요. 치과에서 임플란트를 하라는 얘기를 들었습니다. 제가 알기로는 성장이 멈춘 20살 이후에 임플란트를 하는 것으로 아는데요. 학생 때 임플란트를 해도 되는 건가요? 치과 의사가 나이도 어려 보이고 신뢰가 안 가던데 다른 병원을 가야 할지 잘 모르겠습니다.

골 성장과 얼굴뼈의 성장이 멈춘 상태에서 임플란트나 양악 수술을 하라는 것은 매우 보편적인 얘기입니다. 대체로 여자는 18세, 남자는 20세 이후에 하라고 되어 있는데 실제로는 맞지만 절대적이지는 않습니다. 왜냐하면 치아는 꾸준히 이동하고 움직이는 경향이 있는데 대개 18세에 앞니를 하게 되면 10년 가까이 지났을 때 앞니 길이가 달라질 수 있습니다. 따라서 18세 즈음에 앞니를 치료할 때는 조심할 필요가 있습니다. 하지만 임플란트는 그대로인데 다른 치아의 길이가 1밀리미터 정도 자라서 생기는 차이 정도일 뿐이지 꼭 해서는 안 된다고 할 정도의 위험성은 아닙니다.

어금니 크다고 임플란트 두 개
심으래요. 믿어도 될까요?

어금니에 임플란트를 하려고 하는데 이빨이 크다고 보통 거 하나랑 작은 것 하나 해서 두 개를 넣자고 합니다. 제가 봐서는 그냥 큰 것 하나만 넣으면 될 것 같은데 굳이 보통 것이랑 작은 것이랑 두 개를 하자는 것이 상술 같은데요. 임플란트는 큰 것보다 작은 것 두 개가 정말 더 좋은 건가요?

심어야 하는 임플란트의 개수가 많을 때 치아 개수대로 해야 하느냐 줄여야 하느냐 하는 부분은 사실 쉽게 판단할 수 있는 것이 아닙니다. 환자의 구강 상태에 따라서 달라질 수 있기 때문인데 치아를 적게 사용해서 치료하면 좋은 치과라고 생각할 수 있지만 환자의 케이스마다 달라질 수 있습니다. 일반적으로 어금니 부위는 앞니 부위보다 더 큰 힘을 받기 때문에 다른 부위보다도 직경이 좀더 큰 임플란트를 이용해서 식립합니다. 특히 하악턱의경우 상악턱보다 뼈의 강도가 더 강해서 음식을 씹을 때 발생되는 저작압이 임플란트로 더 크게 전달됩니다.
또한 임플란트는 두께가 0.3mm~0.6mm의 원통형 구조로 되어 있기 때문에 4mm 이하로 직경이 작은 임플란트는 두께도 얇아지게 됩니다. 그래서 구치부의 큰 힘으로 작은 직경의 임플란트가 파절될 가능성이 있으므로 파절 방지를 위해서 직경 4mm 이하의 임플라트를 심어야 할 경우 두 개의 임플란트가 필요할 수 있습니다.일반적으로 임플란트를 심을 때 어금니 쪽에서 지름이 4.5밀리미터가 넘으면 안전하고 6밀리미터 이상은 잘 안 하게 됩니다. 왜냐하면 4밀리미터 미만이라고 하면 임플란트가 깨질 위험이 있기 때문입니다. 사실 나사 구조로 되어 있는 임플란트는 상부에 올라가면 금속의 두께가 0.3~0.6밀리미터인 원통이라고 볼 수 있는데 강한 힘을 받으면 깨질 수 있습니다. 따라서 일정한 두께 이상의 임플란트를 심는 게 중요한데 4밀리미터짜리를 하나만 심으면 쪼개질 위험이 높아서 이 경우 여러 개를 심는 게 더욱 좋습니다. 하지만 때로는 두꺼운 것 하나가 들어가는 것이 더욱 좋을 수도 있는 만큼 환자의 구강 상태에 따라 달라진다고 생각하셔야 합니다.

치과의 과잉 진료라는 것이
있다던데요?

텔레비전의 고발 프로그램에서 치과의 과잉 진료에 대해서 본 적이 있습니다. 꼭 필요하지도 않은 치료를 권유하거나, 때로는 오히려 치아 상태를 망치기까지 한다고 해서 치과에 가는 것이 더욱 두려워졌습니다. 치과의 과잉 진료라는 것이 무엇인가요? 저와 같은 일반 환자가 어떻게 과잉 진료인지 아닌지 구별할 수 있을까요?

과잉 진료의 기준은 애매할 수 있지만 대부분 설명을 충분하게 하지 않는 데서 발생하는 경우가 많습니다.

치과 의사에 따라 똑같은 시술법이어도 선호하는 재료와 방법이 달라질 수 있는데 공격적인 치료를 하느냐, 방어적인 치료를 하느냐 등 시술에 차이가 많이 생길 수 있기 때문입니다.

이는 수많은 사람들이 치과를 찾지만 어느 누구 하나 똑같은 경우가 없는 치과 치료의 특수성에 기인한다고 볼 수 있습니다.

매번 만나는 환자들이 다른 양상을 띠기 때문에 전적으로 치과 의사의 판단에 따를 수밖에 없는데 환자에게 충분한 설명 없이 끌고 가려고 한다면 과잉 진료라고 생각합니다.

실제로 충치를 빼고 보철물을 끼워 넣는 경우 환자의 잇몸 상태와 경제적 조건, 치료를 받는 시간상의 여유 등 고려해야 할 사항이 많습니다.

특히나 자연치를 충분히 살릴 수 있는데도 불구하고 임플란트를 권유하는 경우가 있는데 대표적인 과잉 진료라고 볼 수 있을 것입니다.

치과마다 권하는 임플란트 개수가
다를 수 있나요?

제가 아는 어떤 분은 50대 남성인데 잇몸이 부실해서 치아가 2개 흔들렸다고 합니다. 그래서 A치과에 갔더니 개당 150만 원씩 2개의 임플란트를 심으라는 진단을 받았습니다. 그런데 그분은 그것이 비싸다고 느껴서 저렴하다고 광고하는 치과를 다시 찾아갔습니다. 그랬더니 상담을 해 주는 코디네이터가 이분에게 임플란트 하나당 90만 원씩 해 주겠다고 했습니다.

그런데 B치과에서는 엑스레이 사진을 찍더니 까맣게 변한 다른 치아의 사진을 보여 주며 함께 임플란트를 심으라고 권유했습니다.

충치가 심해서 조만간 흔들리고 빠질 것인데 함께 치료받으면 저렴하게 치료해 줄 테니 4개의 임플란트를 심으라는 것이었죠.

결국 이분은 A치과에서는 두 개에 300만 원인데 B치과에서는 4개에 360만원이라는 생각에 매우 저렴하다는 인상을 받고 치료를 받았다고 합니다. 어디가 잘못된 것일까요?

환자의 입장에서 이것이 과잉 진료라고 확신하기는 어려울 수도 있습니다. 하지만 치과 의사라면 누구라도 이것은 과잉 진료일 확률이 높다고 생각할 것입니다.

왜냐하면 앞의 치과 의사가 2개의 임플란트면 된다고 한 것을 뒤의 치과 의사는 4개가 필요하다고 하는 것 자체가 난센스이기 때문입니다.

임플란트는 치과 치료에서 가장 마지막에 선택할 수 있는 최후의 보루이기 때문에 누구라도 진단을 놓치기 어려운데 개수 자체를 달리한다면 꼼꼼하게 따져 봐야 한다는 것입니다.

일부 치과의 경우 불필요한 자연치를 뽑아내고 임플란트를 심는 경우도 있는 만큼 일단 임플란트 개수에 차이가 난다면 믿을 만한 치과를 찾아 왜 그런지 충분한 설명을 듣는 것이 필요합니다.

뼈 이식,
꼭 필요한 것인가요?

저희 아버지는 60대이십니다. 아버지는 충치와 잇몸 병으로 4개의 임플란트를 심으라고 진단을 받으셨어요. 한 군데 치과를 갔더니 임플란트 하나당 150만 원씩, 600만 원이 들 거라고 했습니다. 다른 치과는 임플란트는 100만 원에 하는 대신 잇몸이 약해 뼈 이식을 받는 게 좋은데 하나당 50만 원씩 200만 원이 추가되어 총 600만 원이라고 했습니다.

아버지는, 같은 치료인데 뼈 이식까지 해 준다는 병원이 더욱 좋은 것 같다며 두 번째 병원을 마음에 들어 하시는데요. 뼈 이식이라는 걸 꼭 해야 할까요?

이 경우도 사실 대표적인 과잉 진료 사례라고 볼 수 있습니다. 뼈 이식이라고 하는 것이 단단한 뼈로 되는 데 시간도 오래 걸리고 간혹 감염 위험도 있기 때문에 꼭 해야만 할 때 하는 치료이지 무조건적으로 권하는 것은 불필요하기 때문입니다.

또한 임플란트의 비용을 저렴하게 하고 뼈 이식 비용에서 과도하게 청구해 결국 제값을 다 받으면서도 저렴하게 치료하는 듯한 인상만 주는 것으로도 생각할 수 있습니다 그렇다고 해서 뼈 이식을 하는 것이 모두 과잉 진료라는 것은 결코 아닙니다. 대표적인 것이 잇몸 뼈의 두께가 부족한 경우인데 이러한 때 뼈 이식을 받으면 임플란트의 수명을 길게 하는 데 큰 도움이 될 수 있습니다.

임플란트 비싸다고
틀니 권하는 치과, 괜찮을까요?

저희 어머니는 60대 초반인데 치아가 전체적으로 안 좋으십니다. 그런데 싸다고 소문난 치과를 다녀오셨다면서 전체와 부분 틀니를 해야겠다고 하시는데요. 치과 이름을 들어보니 한때 광고를 많이 한 네트워크 치과였습니다.

그 치과에서는 어머니의 치아 상태가 너무 불량이라 전부 뽑고 임플란트를 심거나 틀니를 해야 하는데 임플란트의 경우 개당 100만 원에 해도 20개면 2천만 원이 드니 틀니를 하라고 했답니다. 전체와 부분 틀니를 하면 450만 원 정도면 해줄 수 있는데 요새는 틀니도 많이 좋아졌다며 어머니를 안심시킨 모양입니다. 임플란트 대신 전체 틀니, 괜찮을까요?

이 경우 과잉 진료뿐 아니라 도덕적인 비난을 피하기 어렵습니다. 왜냐하면 틀니의 경우 저작 기능이 너무 떨어져 비용이 염려된다면 어금니라도 임플란트를 해서 임플란트 틀니를 하는 것이 적당한데 60대의 젊은 여성에게 완전 틀니를 권했다는 게 무책임하기 때문입니다.

환자의 건강을 생각하기보다는 이윤만을 거두려 했다는 비판을 피하기 어려울 것입니다.

사실 이윤을 중요시하는 치과 의사 입장에서는 임플란트를 하거나 틀니를 하거나 큰 상관이 없을 것입니다. 하지만 환자 입장에서는 평생 고통스럽고 불편함을 감내해야 하는 만큼 틀니를 선택할 때는 비용뿐 아니라 건강을 생각해야 한다는 점을 명심해야 합니다.

좋은 치과란
어떤 치과를 말하는 걸까요?

치아와 치과에 대한 설명을 읽으면 읽을수록 치과를 잘 선택해야겠다는 생각이 듭니다. 자칫 시선을 빼앗는 광고에 현혹되어서도 안 되겠지만 그렇다고 좋은 서비스를 보장하긴 하지만 진료비 면에서 제가 감당하기에 벅찰 정도의 고가 진료를 받고 싶지도 않습니다. 저에게 적당한 좋은 치과를 어떻게 선택해야 할까요?

좋은 치과의 기준은 다양하겠지만 우선은 치과 의사로서의 충분한 경험이 기본일 것입니다. 치과 의사 면허를 땄더라도 다양한 임상을 통해서 실력이 좋아질 수 있는데 아무래도 경험 많은 사람들이 더 잘하는 것은 당연하기 때문입니다.

하지만 기본적인 실력이 비슷하다면 환자의 상태를 객관적으로 진단해 주고 여러 가지 선택 사항을 설명해 주는 의사입니다.

"충치가 있으니 임플란트 하세요"라고 지시하는 것이 아니라 "지금 상태가 이러한데 치료할 수 있는 방법은 이러이러한 것들이 있습니다. 각각의 장점은 어떠하며 단점은 무엇이고 환자의 구강 상태를 고려할 때 이러한 치료법이 가장 적합해 보입니다"라고 설명해 주는 것이죠.

하지만 경제적인 면이나 치료에 드는 시간을 고려한다면 이러한 방법도 나쁘진 않다는 식으로 환자에게 선택의 여지를 남겨 주어야 합니다.

다음으로 기본에 충실한 치과가 좋은 치과입니다.

당장 문제가 생긴 치아를 치료해 주는 것이 전부가 아니라 원인을 설명해 주고 제대로 된 양치질 방법을 설명해 주는 것, 환자가 특히 취약한 부분의 이유를 얘기하며 자꾸 가르쳐 주는 치과가 좋은 치과일 것입니다.

마지막으로는 꾸준히 진료를 볼 수 있는 치과가 좋습니다. 일부 치과에서는 치료하는 의사의 얼굴도 못 본 채 의자에 눕는 경우도 있는데 의사와 환자 간의 충분한 공감대 형성의 중요성은 두말할 필요도 없습니다.

더욱이 홈페이지에 사진과 전공조차 표기되지 않은 병원은 피하는 것이 좋고 지나치게 저렴한 가격으로 광고하거나 최단기간 치료를 약속하는 치과도 멀리하는 게 좋습니다.

꾸준히 노력하는 치과 의사가 되겠습니다

한번은 진료실에 40대 남성 환자가 깨진 의치를 치료받으러 왔습니다. 딱 봐도 상태가 매우 오래되어 보였는데 방식 자체도 20~30년 전쯤 유행하던 아주 옛날 방식이었습니다. 옛날 생각도 나고 해서 치료받으신 지 꽤 오래된 것 같다고, '20년은 넘으셨지요?' 하고 물으니 20년이 무슨 소리냐며 5년 정도밖에 안 되었다고 답했습니다.

그 순간 저는 머리를 한 대 얻어맞은 기분이 들었습니다. 스크루 방식보다 훨씬 좋은 치료 방법이 수없이 많이 개발되었는데 아직까지도 옛날 방식으로 치료하는 치과 의사가 있다는 것이 매우 실망스러웠기 때문입니다. 그런 점에서 꾸준히 노력하지 않는 의사는 그 자체로서 환자에게 죄를 짓는 것이라는 생각이 들었습니다. 자신을 믿고 찾아오는 환자들에게 최선의 진료를 하는 것이 의사의 의무이기 때문이죠.

사실 책을 쓰면서, 과거 치과 의사 면허 준비를 하면서 새벽까지 공부하던 생각이 많이 났습니다. 그때는 시험 자체가 어렵기도 했지만 임상 경험이 부족했기 때문에 더욱 불안감도 많았습니다. 하지만 저는 그

때 열심히 공부한 것이 전부여선 안 된다고 생각했습니다. 그도 그럴 것이 의료 기술은 계속 발전하는데 내가 공부하는 것은 멈춰 있다면 안 된다고 생각했기 때문입니다.

그래서 저는 국내에서 치과 의사 면허를 딴 이후에도 어렵다고 소문 난 미국 치과 의사 면허도 획득했고 3년 전에는 국내에서 진료중인 치 과 의사 중에 처음으로 중국 베이징대학교의 치과 의사 면허도 땄습 니다. 동료들 중에는 그거 딴다고 해서 진료비를 더 받을 수 있는 것도 아닌데 뭐 하러 따느냐고 묻는 사람들도 있었지만 최신 지식을 습득하 기 위해 최선을 다하는 본연의 마음을 지키고 싶었습니다.

실제로 국제 면허 시험을 준비하면서 그동안의 진료를 살펴보고 전 세계의 우수한 치료법을 숙지하면서 환자에게 더욱 수준 높은 진료를 선보일 수 있었습니다. 또한 그러한 과정에서 페리오플란트나 굴절레 이저, 임플란트 핀 가이드 수술법 등 우수한 상품 개발의 아이디어도 얻을 수 있었으며 미국과 일본, 중국 등에서 특허를 획득하는 쾌거를 이루기도 했습니다.

　저는 앞으로도 마지막 한 명의 환자에게도 최선의 치료를 다할 수 있도록 꾸준히 노력하겠습니다. 모쪼록 이 책이 온 가족의 건강을 지키는 데 도움이 될 수 있기를 진심으로 바랍니다. 감사합니다.